España: su historia explicada

Per a Frank i al nostre estimat fill Joan, que recordarem sempre.

Montserrat Varela Navarro

España: su historia explicada

Schmetterling Verlag

Bibliografische Informationen *Der Deutschen Nationalbibliothek*
Die Deutsche Nationalbibliothek verzeichnet diese Publikation in der Deutschen Nationalbibliografie;
detaillierte Daten sind im Internet über
http://dnb.ddb-nb.de abrufbar

Schmetterling Verlag GmbH
Lindenspürstr. 38b
70176 Stuttgart
www.schmetterling-verlag.de
Der Schmetterling Verlag ist Mitglied von aLiVe.

ISBN 3-89657-761-1
2., überarbeitete Auflage 2012

Satz und Reproduktionen: Schmetterling Verlag
Druck: Interpress, Budapest

Índice

1. Época antigua: del Imperio Romano al Renacimiento 7

2. Hacia la hegemonía en Europa: de los Reyes Católicos a Felipe II 18

3. Fin de la hegemonía y cambio de dinastía: de Felipe III de Austria a Felipe V de Borbón 29

4. Ilustración y fin del Antiguo Régimen: de Carlos III a Fernando VII 39

5. Revolución liberal e industrialización y: de Isabel II a Alfonso XIII 50

6. Tensiones políticas, dictadura y democracia: de la Segunda República a la España actual 63

7. España hoy 78

8. Glosario de nombres, conceptos históricos y lugares geográficos 92

9. Índice de personas, contenidos históricos y siglas 95

10. Tablas cronológicas 99

11. Soluciones al primer ejercicio de cada capítulo 103

12. Bibliografía 105

Ya hay un español que quiere
vivir y a vivir empieza,
entre una España que muere
y otra España que bosteza.
Españolito que vienes
al mundo, te guarde Dios.
Una de las dos Españas
ha de helarte el corazón.

Antonio Machado, *Proverbios y cantares*

1. Época antigua: del Imperio Romano al Renacimiento

En este capítulo vamos a aprender:
- La formación de las culturas prerromanas y la colonización de Roma
- El imperio visigodo y la invasión árabe
- El Al-Andalus y la formación de los reinos cristianos hasta el siglo XV

La herencia de la España actual se pierde hasta la noche de los tiempos. Hasta la colonización por el Imperio Romano, en la Península Ibérica vivieron una gran variedad de culturas. El Imperio Romano legó[1] el latín y el derecho romano y desapareció dejando paso al cristianismo y a los invasores germanos. La Edad Media estuvo partida entre el dominio árabe y la formación lenta pero imparable de los diferentes reinos cristianos desde el norte. A las puertas del Renacimiento, Granada es el último reino árabe, y los reinos cristianos han llegado a la madurez.

Las culturas prerromanas: culturas celtibéricas, celtas, fenicios y griegos

La **Península Ibérica** fue habitada desde la Prehistoria. Los primeros restos de comunidades humanas se datan en unos 400.000 años **a.C.** Los yacimientos[2] más conocidos son los de Atapuerca y Altamira, los dos en el norte de España.

Las primeras culturas

Hacia el siglo VI a.C. llegó a la Península Ibérica desde Europa Central la última oleada de pueblos **celtas**, de origen **indoeuropeo**. Los celtas introdujeron la cultura del hierro. Algunos se asentaron en el norte de la Península (Galicia, norte de Portugal, Asturias, Cantabria, etc.), mientras que otros lo hicieron en la zona del Ebro, en el centro y en la costa mediterránea, y se unieron a la población autóctona[3]. Así surgió una nueva cultura, llamada celtibérica, que recibió un fuerte impulso con el contacto con **fenicios** y **griegos**.

Los fenicios y los griegos: comerciantes, no colonizadores

Los fenicios y los griegos llegaron a la Península Ibérica para explotar la riqueza minera de la costa mediterránea y de la zona de Gibraltar. Esta

1 legar: hinterlassen
2 el yacimiento: archäologisches Vorkommen
3 autóctono: einheimisch

zona era rica en estaño, cobre y plata. Nunca pretendieron colonizar la región. A partir del siglo VIII a.C. los fenicios fundaron, entre otras ciudades, Cádiz (Gadir), Ibiza (Ebusus) y Málaga (Malaca). En el norte de la actual Cataluña, los griegos fundaron Ampurias (Emporion) y Rosas (Rodhae) en el siglo VI a.C. Un poco antes habían fundado Massalia, la actual Marsella en Francia. Los fenicios y los griegos introdujeron también nuevos cultivos (el vino y la aceituna) y la moneda.

Colonización fenicia y griega

Los griegos dieron a las poblaciones autóctonas el nombre de íberos, y a la Península el de Iberia. Este nombre viene del río Iberus, el actual río Ebro. Los pueblos ibéricos eran muy diferentes entre sí y estaban distribuidos desde la actual Andalucía, Valencia, hasta Aragón y Cataluña. Tenían un alfabeto, todavía hoy no descifrado, y eran principalmente agricultores.

> Según la versión más aceptada, el nombre actual de España lo dieron los fenicios. Sfan o span significa "conejos", e Hispania (la versión en la antigüedad) significaría "Tierra de Conejos".

Roma y Cartago

Entre los siglos VI y III a.C., la historia de la **Antigüedad** estuvo marcada por la competencia por el poder entre Roma y el imperio fenicio de Cartago. A principios del siglo III a.C. los fenicios intentaron ampliar su zona de influencia invadiendo la Península Ibérica. Esta invasión desencadenó la **Segunda Guerra Púnica** entre Roma y Cartago. En 218 a.C. los romanos desembarcaron en Emporion para frenar al ejército de **Aníbal**, jefe de los fenicios.

Siglos VI y III a.C.: rivalidad entre Roma y Cartago

El final de la Segunda Guerra Púnica (218–209 a.C.) dio un giro a la historia de la Antigüedad: Cartago perdió y Roma siguió expandiendo su imperio con la colonización de la Península Ibérica.

Expansión de Roma

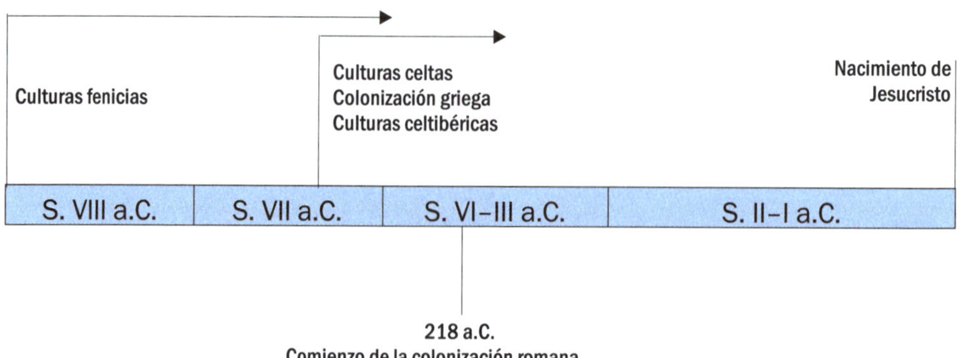

Para recordar:

- La Península Ibérica fue poblada desde tiempos remotos, en la Prehistoria.
- A partir del siglo VI a.C., convivían muchos pueblos en la Península Ibérica: fenicios, griegos, celtas y celtibéricos.
- En el siglo III a.C., Roma empieza a colonizar la Península Ibérica.

Para saber más:

Diferentes slideshares bajo: *El origen del hombre y el yacimiento de Atapuerca*
Biblioteca Virtual Miguel de Cervantes: www.cervantesvirtual.com/portal/antigua
Proyecto Clio, revista de historia en Internet: http://clio.rediris.es

La época romana

Conquista y división de "Hispania"

La conquista de "Hispania", como la llamaban los fenicios y nombre que tomaron los romanos, no se completó hasta el siglo I a.C., durante la época del emperador **Augusto**. Augusto dividió la península en tres provincias: Tarraconensis, cuya capital fue Tarraco (la actual Tarragona), Lusitania, con Emerita Augusta como capital (la actual Mérida), y Baetica, cuya capital fue Corduba, la actual Córdoba.

Integración en el Imperio Romano

El proceso de romanización

La integración de Hispania en la cultura romana fue lenta pero muy intensa. Los romanos otorgaron el derecho romano[4] de forma gradual a la población autóctona (por ejemplo el *Ius Romanorum* en 212 **d.C.**), de manera que los hispanos pudieron entrar en la administración romana y del emperador. Al mismo tiempo, el sistema económico de Hispania se desarrolló con el comercio de metales, aceite, cereales, vino y productos de primera necesidad por todo el imperio romano. Los centros de la vida social y económica fueron las ciudades, unidas por una red de carreteras. Una de ellas era la Vía Augusta, que recorría la costa del Mediterráneo e iba desde Cádiz hasta Tarragona, pasando por los Pirineos y uniendo Hispania con la Galia e Italia. Los romanos también construyeron obras tan importantes como el acueducto de Segovia o el teatro de Mérida.

La cultura romana de Hispania dio muchas personalidades importantes. En literatura, **Lucano**; en filosofía, **Séneca**, que también fue maestro y educador del emperador **Nerón**. **Quintiliano** fue un pedagogo que escribió sobre educación y retórica. Y tres grandes emperadores romanos fueron hispanos: **Trajano**, **Adriano** y **Teodosio**.

4 el derecho romano: römisches Recht

Otro factor que contribuyó a la integración de Hispania a la cultura romana fue el latín, la lengua común del Imperio y de la administración. Después de la caída del Imperio Romano, las diferentes lenguas románicas que se hablan actualmente en España y en Portugal evolucionaron a partir del latín. La única lengua anterior al latín que se ha conservado es el actual vasco o euskara, que se habla en el País Vasco y en el norte de Navarra.

El latín y su herencia

Declive[5] del Imperio Romano

La crisis del siglo III

A partir del siglo III el Imperio Romano entró en crisis a consecuencia de numerosas luchas internas por el poder. Estas luchas causaron la interrupción de las comunicaciones y del comercio, y las ciudades fueron abandonadas poco a poco. Al mismo tiempo, el cristianismo empezó a propagarse por todo el Imperio, y los pueblos germánicos del norte amenazaban con invadir el Imperio, hasta que se instalaron definitivamente en sus territorios dos siglos más tarde. Esta crisis general también afectó a Hispania: las clases ricas se fueron de las ciudades, y se crearon centros rurales entorno a grandes villas. Mucha parte de la población pasó a depender de estos centros rurales dominados por un gran señor.

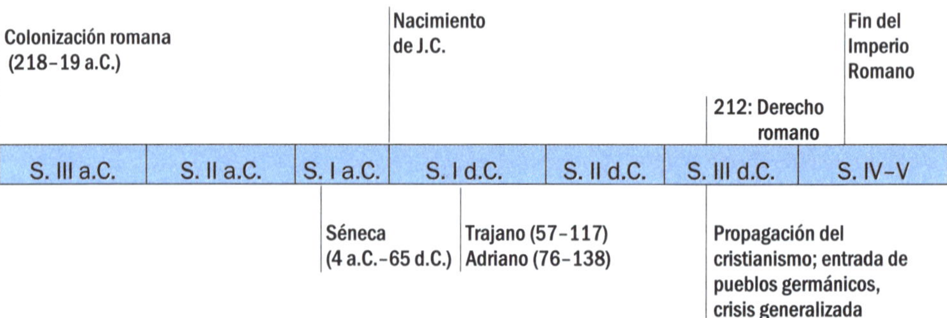

Para recordar:
- La colonización romana se dio dentro del contexto de expansión de Roma.
- El latín y el derecho son la herencia más importante de Roma.
- A partir del siglo III, el Imperio Romano se debilita y desaparece en el siglo V.

Para saber más:

Portal *Historiasiglo20*: www.historiasiglo20.org/HE/1d.htm

Webquest de Juan Miguel Muñoz. Viaje a la Antigua Roma: http://cv.uoc.es/~jmunozmi/webqr/wqroma/index.htm

Luik, Martin: Der schwierige Weg zur Weltmacht. Roms Eroberung der Iberischen Halbinsel 218-19 v. Chr. Philipp von Zabern Verlag

5 el declive: der Niedergang

El reino visigodo

El Imperio Romano dejó de existir en el siglo V. Entre el siglo IV y V entraron en la Hispania todavía romana varios pueblos germánicos. Los **visigodos** ocuparon el centro de la Península y establecieron su capital en Toledo. El reino de los visigodos fue corto: del siglo V hasta principios del siglo VIII.

Entrada de los visigodos

Regnum Hispaniae

Como el territorio de la antigua Hispania romana estaba dividido entre diferentes reinos germánicos, los visigodos intentaron crear un reino unificado, el *Regnum Hispaniae*. El mismo proyecto de reunificación del antiguo Imperio Romano lo intentó **Carlomagno** con su reino franco para toda Europa. Aunque no tuvo éxito, de su intento surgió el **Sacro Imperio Romano Germánico**, con grandes consecuencias para Europa y España en la **Edad Media**, así como en el **Renacimiento**, como veremos más adelante.

Proyección de la unidad romana

Pero la debilidad política de la monarquía impidió estabilizar el reino plenamente. La monarquía visigoda era electiva, no hereditaria[6]. Este hecho generó muchas tensiones entre la nobleza visigoda, y también guerras internas. De hecho, el ejército árabe que desembarcó en Tarifa (actual Andalucía) en el año 711 lo hizo para ayudar a un noble visigodo que luchaba contra su propio rey.

Debilidad política

Herencia del reino visigodo

Sin embargo, el reino visigodo fue muy importante para los reinados cristianos posteriores. Los reyes visigodos desarrollaron el derecho y organizaron el estado, sentando las bases de futuros órganos administrativos, las **Cortes** y los **Consejos Reales**. Por otra parte, durante los primeros siglos del dominio del **Al-Andalus**, la proyección política del reino visigodo justificó la llamada "reconquista" de los territorios árabes para reconstruir la antigua unión política y religiosa del reino visigodo.

Reconquista en nombre de la autoridad visigoda

> Los visigodos hablaban una lengua germánica, pero el latín fue la lengua predominante en su reino. Sin embargo, el romance más tarde llamado castellano o español incorporó algunos "germanismos", sobre todo en el ámbito militar: guerra, ganar, robar, guiar, yelmo, espía, etc.

6 hereditario: vererbbar

Entrada de pueblos germánicos		Reino visigodo; capital Toledo		711: Invasión árabe
S. IV	S. V	S. VI	S. VII	S. VIII
	Fin del Imperio Romano de Occidente Imperio Romano de Oriente: Imperio Bizantino (476–1453)			

Para recordar:
- Los visigodos entraron en la Hispania romana a partir del siglo IV.
- Formaron un reino con capital en Toledo.
- El reino visigodo solo duró unos 300 años pero fue importante para la idea de reunificar la Península Ibérica.

📖 **Para saber más:**
Portal *Historiasiglo20*: www.historiasiglo20/HE/2.htm
Herbers, Klaus: Geschichte Spaniens im Mittelalter. Vom Westgotenreich bis zum Ende des 15. Jahrhunderts. Kohlhammer

El Al-Andalus y los primeros reinos cristianos

Expansión del Islam

La invasión árabe tuvo lugar dentro de la expansión del Islam, a partir de su fundación en el año 622 por **Mahoma**. En sólo 89 años el Islam llegó a Europa (en 711), y su expansión fue frenada definitivamente en el año 732 en la batalla de Poitiers, la actual Francia. A partir de entonces, los invasores de religión musulmana se concentran en la Península Ibérica.

El emirato de Córdoba

Asimilación cultural

Los invasores consolidaron su poder con la formación del emirato de Córdoba, que dependía del imperio musulmán de los **Omeyas**, con capital en Bagdad. Para preservar la paz social, tanto cristianos como judíos pudieron mantener sus ritos[7], pero tenían que pagar un tributo. Los cristianos incluso siguieron teniendo su estructura eclesiástica, con obispos y un derecho propio. Pero el pago del tributo facilitó que la población se convirtiera gradualmente al Islam.

7 el rito: Ritual, Glaube

Mezquita de Córdoba, S. VIII–X

> La sociedad de esta época era muy variada. Hoy hablaríamos de una sociedad multicultural. Los *muladíes* eran los antiguos cristianos convertidos al Islam. Los *mozárabes* eran los cristianos que seguían manteniendo su religión en el Al-Andalus. Los *mudéjares*, al contrario, eran los musulmanes dentro de los territorios cristianos. Y en los dos lados, y desde la época romana, vivían comunidades de *judíos*.

Época de esplendor y el Califato de Córdoba

Durante los dos primeros siglos del poder islámico (S. VIII–X), también los núcleos cristianos del norte de la Península tuvieron que pagar tributo al emirato de Córdoba. Estos dos siglos fueron la época dorada del Al-Andalus. El Al-Andalus era el estado mejor organizado y más rico de Europa. Los eruditos[8] árabes tradujeron múltiples obras de la antigüedad griega, y la biblioteca de Córdoba era famosa en toda Europa. El poder y la riqueza del emirato era tan grande que en el año 929 el emir Abderramán III se autoproclamó califa, es decir, sucesor directo de Mahoma. Pero eso sólo fue el principio del fin. A principios del siglo XI, estalló una guerra civil en el Al-Andalus.

Los reinos de Taifas

Debilitamiento de los reinos de Taifas

A causa de esta guerra civil, el califato se partió en diferentes reinos, llamados Taifas. Dentro del Al-Andalus hubo desde siempre muchas tensiones sociales y políticas: entre los diferentes grupos de musulmanes (había

8 el erudito: Gelehrter

sirios, bereberes, egiptos, árabes, etc.), pero también entre las élites y los mozárabes sobre todo. Al mismo tiempo, la presión de los reinos cristianos del norte de la Península era cada vez más fuerte, y la situación se invirtió: los reinos de Taifas tuvieron que pagar un tributo a los reinos cristianos. A partir del siglo XI la expansión de los reinos cristianos hacia el sur es imparable. En el siglo XIII, el único reino de Taifa que queda es el de Granada. Sobrevivirá hasta 1492, cuando los Reyes Católicos lo conquistan.

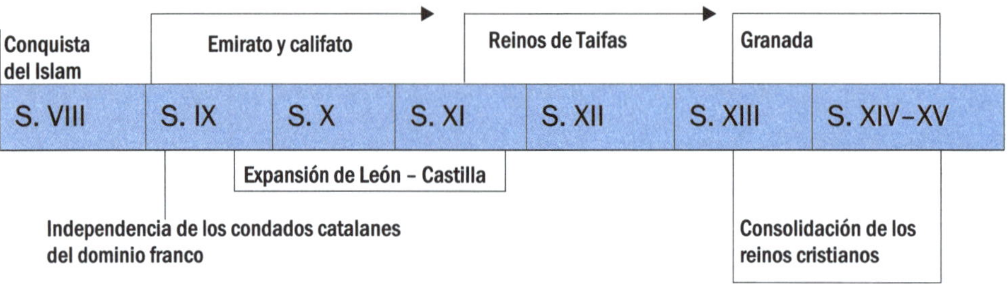

Para recordar:

- La invasión musulmana tuvo lugar dentro del contexto de expansión del Islam.
- La época de esplendor del Al-Andalus fue entre los siglos IX y XI.
- Entre los siglos XIII y XV solamente sobrevivió el reino de Granada.

Para saber más:

El Legado Andalusí: www.legadoandalusi.es
Cronología de todos los reinos hispanos:
http://es.wikipedia.org/wiki/Anexo:Cronología_de_los_reinos_en_la_península_ibérica
Guichard, Pierre: Al-Andalus. Acht Jahrhunderte muslimischer Zivilisation in Spanien. Wasmuth Verlag.

Los primeros reinos cristianos

Los cuatro reinos cristianos: Portugal, Castilla, Navarra y Aragón

Entre los siglos VIII y XIII, los reinos cristianos eran muy débiles en comparación con la potencia del Al-Andalus. Durante estos siglos, sin embargo, empezaron a formarse cuatro reinos que con el tiempo llegarían a dominar toda la Península.

En el oeste de la Península surgió el reino de León, del que dependían Galicia y Castilla, así como el condado[9] de Portugal. El condado de Portugal se independizó como reino en el siglo XII, y un siglo más tarde Castilla se impuso sobre León, formando la Corona de Castilla. En los Pirineos, se formaron dos reinos: Navarra y Aragón; y en el este de los Pirineos hasta el mar **Mediterráneo**, los condados catalanes se organizaron

9 el condado: Grafschaft

como territorios que dependían de los reyes francos. Estos condados fueron durante siglos independientes entre sí hasta que Aragón y el condado de Barcelona se unieron formando la Corona de Aragón (siglo XII).

Castilla y Aragón entre los siglos XIII y XV

Durante estos siglos, la historia de la Corona de Castilla y la Corona de Aragón fue muy distinta. La Corona de Castilla ya se había extendido hasta el sur de la actual Andalucía, pero el reino de Granada sobrevivió hasta el siglo XV. Sobre todo en el siglo XIV, en la Corona de Castilla hubo conflictos internos entre la monarquía, la nobleza[10] y las ciudades con su incipiente burguesía. La lucha la ganó finalmente la monarquía, aliada a la nobleza, de manera que el poder del reino se concentró en la monarquía a costa de las ciudades.

Organización política diferente

La Corona de Aragón, en cambio, todavía se estaba expandiendo. A principios del siglo XIII Valencia, las Islas Baleares y Cerdeña fueron conquistadas. A finales del siglo Sicilia también se incorporó a la Corona, y un siglo más tarde Nápoles (1442) fue anexionada. En la península, la Corona de Aragón se organizó en tres reinos: Aragón, Valencia y Cataluña. Cada reino tenía unas Cortes[11], controladas por la nobleza, y unas leyes propias, llamadas *fueros* o *furs*. Los soberanos compartieron siempre el poder con las Cortes, sin poder unificar los tres reinos. Por eso, cuando Fernando e Isabel suban al trono (1479), reunirán gracias a su matrimonio dos reinos políticamente muy diferentes.

El sistema económico de los dos reinos fue diferente durante estos siglos. En Castilla la Mesta reunía a los ganaderos y obtuvo muchos privilegios del rey. La desigualdad entre los ganaderos, privilegiados, y los campesinos provocó muchos conflictos en Castilla. En Cataluña, donde la nobleza era muy fuerte, los campesinos no podían abandonar las tierras. Eran los *pagesos de remença*, que se rebelaron muchas veces. Su situación mejoró en el siglo XV formándose una clase de campesinos propietarios a diferencia de Castilla y Andalucía, donde los campesinos eran jornaleros sin tierras.

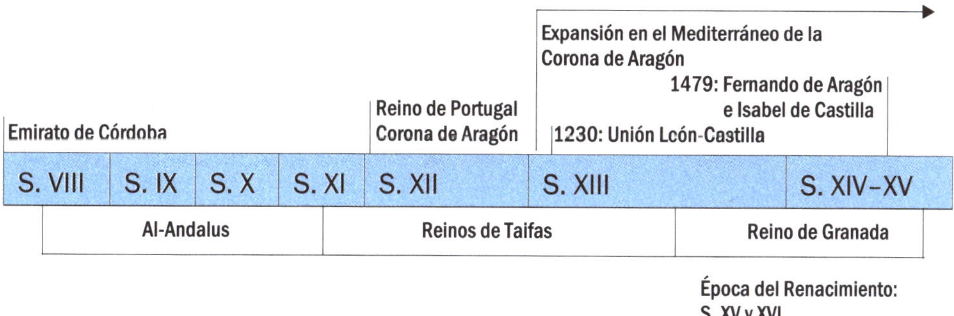

10 la nobleza: Adel

11 las Cortes: Mittelalterliches Parlament

Para recordar:

- A partir del siglo XIII, los reinos cristianos se consolidan y expanden su territorio.
- La monarquía de la Corona de Castilla consolida su poder.
- La Corona de Aragón es una confederación de reinos. Cada reino tiene sus Cortes.

Para saber más:

Portal de la *Biblioteca Virtual Miguel de Cervantes*:
http://bib.cervantesvirtual.com/historia/monarquia/cristianos.shtml

Webquest *Los castillos medievales*:
http://cfievalladolid2.net/thinkweb/web/doc/Webquest_Valladolid/wq_2/jose_gordillo/Webquest.htm

Bronisch, A.: Reconquista und Heiliger Krieg. Die Deutung des Krieges im christlichen Spanien von den Westgoten bis ins frühe 12. Jahrhundert. Aschendorff Verlag

Ejercicios

1. ¿Lo has entendido? Marca si las frases son verdaderas o falsas.

		V	F
a.	La palabra Hispania viene de los griegos.	❑	❑
b.	Los romanos empezaron a colonizar la Península Ibérica por su rivalidad con Cartago.	❑	❑
c.	El vasco es una herencia de la cultura romana.	❑	❑
d.	El reino visigodo duró más de cinco siglos.	❑	❑
e.	El Al-Andalus fue el reino más poderoso y prestigioso de Europa hasta el siglo X de la Edad Media.	❑	❑
f.	Castilla y Aragón se formaron plenamente entre los siglos XIII y XV.	❑	❑

2. Texto. Escribe una redacción sobre uno de estos temas.

1. Las culturas prerromanas en Hispania (griegos, celtas, fenicios...) y su relación con el mundo antiguo.
2. Los visigodos en Hispania y su relación con las emigraciones del mundo germánico en el mundo antiguo.
3. La expansión del Islam y el Al-Andalus dentro del mundo árabe durante la Edad Media.

3. **Debate. En pequeños grupos o toda la clase.**
¿Creéis que la convivencia entre las diferentes culturas durante la Edad Media tanto en el Al-Andalus como en los reinos cristianos fue pacífica? ¿Podemos hablar de tolerancia religiosa como la entendemos hoy en día?

Antes de debatir, preparad el debate y escribid posibles argumentos.

4. **Proyecto. En grupos, preparad un trabajo por escrito o como exposición oral sobre uno de estos temas.**

1. El Imperio Romano en la Península Ibérica: fases de la colonización, herencia cultural y arquitectónica en la España actual.
2. Los muladíes, los mozárabes, los mudéjares y los judíos. Sus culturas y su herencia cultural y arquitectónica en la España actual.
3. Breve historia del reino de Castilla hasta el siglo XV.
4. Breve historia de la Corona de Aragón hasta el siglo XV.
5. Breve historia del reino de Navarra hasta el siglo XV.

El Corán

2. Hacia la hegemonía en Europa: de los Reyes Católicos a Felipe II

En este capítulo vamos a aprender:
- La política de los Reyes Católicos: expansión y uniones matrimoniales
- Cambio de dinastía: Casa de Austria
- Máxima hegemonía de España durante el siglo XVI

Los Reyes Católicos estuvieron a punto de hacer realidad el antiguo sueño de unificar todos los reinos de la Península Ibérica. Lo consiguieron con Castilla y Aragón y la conquista de Granada, pero no con Portugal. Por otra parte, su política internacional dio dos frutos inesperados: el descubrimiento de América y la unión con la **Casa de Austria**. Con su nieto Carlos empezó la época de máxima hegemonía de la historia de España, que duró hasta el siglo XVII.

Los Reyes Católicos (1479–1516)

Dos coronas, dos mundos

El matrimonio de Fernando de Aragón e Isabel de Castilla unió dos Coronas muy diferentes. Castilla era tres veces más grande que la Corona de Aragón, y estaba mucho más poblada (cuatro millones y medio en Castilla frente a un millón en Aragón). Por otra parte, Castilla vivía una época de esplendor económico, sobre todo con el comercio de la lana con el norte de Europa, mientras que dentro de la Corona de Aragón había un contraste evidente entre los reinos: Cataluña estaba en plena recesión económica y Valencia en expansión comercial y cultural.

La nueva monarquía renacentista

Por todas estas razones los Reyes Católicos establecieron la corte en Castilla, que durante su reinado todavía fue itinerante[12]. Los nuevos reyes basaron su autoridad en la teoría política renacentista que daba todo el poder al soberano. Los reyes transformaron las antiguas Cortes castellanas en Consejos[13], órganos de consulta dependientes del soberano. Los más importantes fueron el Consejo Real y el Consejo de Aragón. Los Reyes Católicos sentaron las bases políticas y administrativas de la futura España.

Expansión territorial

Granada y las Islas Canarias

En política exterior, los Reyes Católicos terminaron la expansión cristiana conquistando el último reino taifa, Granada, en 1492. Cuatro años más

12 (la corte) itinerante: wandernder Hof
13 el Consejo: der Rat

tarde las Islas Canarias se incorporaron a Castilla. Esta expansión se debió a la rivalidad con Portugal por el dominio en el Atlántico. Durante todo el siglo XV, Portugal exploró y dominó las costas de África en busca de una ruta directa hacia Asia, o las Indias, como se llamaba Asia en aquella época. En la época ya había teorías que defendían que la tierra era redonda. Cristóbal Colón defendía la ruta hacia Asia atravesando el Atlántico, en esa época totalmente desconocido. Como Portugal ya controlaba la ruta por África, la Corona de Castilla le apoyó. El 12 de octubre de 1492 las naves de Colón descubrieron tierra pensando que habían llegado a Asia. Seis años más tarde (1498), el portugués Vasco da Gama llegó a la India bordeando el **Cabo de Buena Esperanza** en Suráfrica. Europa no tuvo conciencia de que se había "descubierto" un nuevo continente hasta unos diez años más tarde. Por eso, castellanos y portugueses se repartieron "las Indias" en el tratado de Tordesillas (1494): los territorios al este del meridiano 46º 37' fueron adjudicados a Portugal, que pudo así colonizar Brasil, y los territorios al oeste de este meridiano fueron para Castilla.

Cristóbal Colón

La ruta de las Indias: América y el tratado de Tordesillas

No hay unidad política sin unidad religiosa

Dentro del reino, la unificación política sólo se entendía si iba acompañada de la correspondiente unificación religiosa. En el siglo XIV la convivencia entre cristianos, judíos y musulmanes había empeorado mucho, sobre todo por la última gran epidemia de la peste (1348) que provocó una gran crisis social y económica. Debido a la presión social muchos judíos y musulmanes se convirtieron entonces al catolicismo, y fueron llamados conversos o cristianos nuevos. La creación del Tribunal de la Santa Inquisición sirvió para controlar a estos cristianos nuevos y garantizar así la unidad de la fe.

La Inquisición

En el año 1492 los Reyes Católicos firmaron un decreto que obligaba a los judíos a convertirse al cristianismo o a abandonar el país. La verdadera intención de los reyes fue probablemente la conversión definitiva de los judíos, porque antes y después del decreto se apoyó públicamente a los que renegaban[14] de su fe. Pero se fueron muchos más judíos de los que se convirtieron, unos 100.000. Muchos de ellos se fueron con la llave de su casa, que han traspasado de generación en generación hasta hoy en día. Sus descendientes son los actuales judíos **sefardíes**, que todavía hablan el español de la época, el ladino. Por su parte, los musulmanes fueron obligados a convertirse en el año 1502 y pasaron a ser los moriscos.

Los sefardíes y los moriscos

14 renegar: verleugnen

A partir del siglo XVI la Inquisición sirvió también para perseguir el protestantismo en España y consolidar la **Contrarreforma** católica (siglos XVI y XVII). A partir del siglo XVIII su poder fue disminuyendo hasta que fue abolida a principios del siglo XIX.

> El año 1492 también fue importante por la publicación de una obra pionera en aquella época: la Gramática castellana, del humanista Antonio de Nebrija (1441–1522). Esta obra fue la primera gramática de una lengua románica no escrita en latín. Nebrija la dedicó a la reina Isabel y en el prólogo escribió que la había escrito porque "siempre la lengua fue compañera del imperio, y de tal manera lo siguió: que juntamente comenzaron, crecieron y florecieron y después junta fue la caída de ambos."

Política matrimonial

Portugal, Navarra y rivalidad con Francia

Los Reyes Católicos practicaron las uniones matrimoniales típicas de la época por doble partida. Por un lado, con Portugal y Navarra, siempre con la idea de unir todos los reinos cristianos de la península. La unión con Portugal no tuvo éxito, y Navarra fue integrada a Castilla en el año 1515, aunque manteniendo sus fueros. Por otro lado, los Reyes Católicos se unieron con las casas de Inglaterra y de Habsburgo para contrarrestar[15] el poder del rey de Francia, que reclamaba las posesiones catalanoaragonesas de Italia. Su hija Catalina se casó con el rey **Enrique VIII** de Inglaterra y dos hijos más con los del Emperador del Sacro Imperio Romano **Maximiliano I**. De todas estas uniones matrimoniales resultará la herencia[16] de **Carlos I** a la muerte de Fernando de Aragón.

1478: Inquisición española

1479: Reyes Católicos

1492: Granada, expulsión de los judíos, descubrimiento de América

Gramática de Nebrija

1494: Tordesillas

1496: Islas Canarias

1515: Navarra

S. XV | S. XVI

1453: Caída de Constantinopla por el Imperio Otomano: comienzo de la Edad Moderna
Fin de la Guerra de los Cien Años (1336–1453) entre Francia e Inglaterra

1455: Biblia de Gutenberg

15 contrarrestar: entgegenwirken

16 la herencia: Erbe

Para recordar:

- Los Reyes Católicos continúan la política de unidad de los reinos con la conquista de Granada y la política matrimonial con Portugal.
- Colón viaja a Asia por la ruta oeste y "descubre" América.
- La unidad política solo se entiende con la unidad religiosa: judíos y musulmanes son obligados a convertirse.

Para saber más:

Sobre los sefardíes: http://sefarad.rediris.es/

Radio Sefarad: www.radiosefarad.com

Red de Juderías de España: www.redjuderias.org

Portal *Biblioteca Virtual Miguel de Cervantes*, Literatura de Mudéjares y Moriscos: http://bib.cervantesvirtual.com/portal/lmm/

Kohler, Alfred: Columbus und seine Zeit. C.H. Beck.

Lemm, Robert: Die spanische Inquisition. Geschichte und Legende. DTV.

La Casa de Austria: Carlos I (1516–1556)

La inmensa herencia de Carlos I

Carlos de **Gante** era nieto de los Reyes Católicos. Durante su minoría de edad (1504 –1516), Fernando el Católico fue regente de Castilla porque la reina Isabel había muerto (1504) y la madre de Carlos I, Juana *la Loca*, enfermó y no pudo ser reina. Al ser proclamado rey de España, Carlos I heredó unas inmensas posesiones[17] por parte de sus cuatro abuelos. De su abuela paterna María de **Borgoña** heredó Flandes y Holanda, Luxemburgo y el **Franco Condado**, en la Francia actual. De su abuelo paterno Maximiliano I heredó las posesiones de Austria y el **Milesinado** en Italia. Y de sus abuelos maternos, los Reyes Católicos, heredó las Coronas de Castilla y de Aragón, así como los derechos sobre América, que se fue colonizando durante todo su reinado.

Carlos I en Europa

Carlos V, Emperador

En el año 1517 Carlos viajó a España para conocer sus reinos españoles. No tuvo mucho tiempo para conocerlos: dos años más tarde el Emperador del Sacro Imperio Romano, su abuelo Maximiliano, murió. El mismo año 1519 Carlos I obtuvo el título de Emperador y se llamó también Carlos V de Alemania. Este título no otorgaba más posesiones y riquezas, pero sí prestigio y autoridad moral sobre todas las monarquías europeas.

Pero Carlos I se vio enseguida enfrentado a tres poderosos contrincantes[18] que lo obligaron a defender tanto sus posesiones como la fe cató-

17 la posesión: Besitz

18 el/la contrincante: Gegner/in, Widersacher/in

lica en Europa. El primero fue el rey de Francia, **Francisco I**, que reclamaba las posesiones españolas de Italia. Después de varias guerras, Francisco I renunció a sus pretensiones sobre Italia. El segundo fue el imperio turco, que invadió Hungría y los Balcanes (1526) y estuvo a punto de ocupar Viena (1529). Y el tercero fue **Lutero**, que en 1517 inició el movimiento protestante contra la Iglesia Católica dentro del Sacro Imperio Romano.

Francia, el imperio turco y Lutero

Estos enfrentamientos significaron un doble fracaso para Carlos I: no pudo mantener la unidad del cristianismo ni frenar el avance del imperio turco. Por otra parte, su política universal nunca fue aceptada en Europa, porque Carlos I mezcló los intereses de la Casa de Austria con los de Europa. La idea de un imperio por encima de todas las naciones era ya un anacronismo en una época en la que se estaban formando las unidades nacionales que más tarde serían Francia e Inglaterra, los primeros países europeos en formarse como estados nacionales.

Fracaso de la política universal

La conquista de América se hizo durante el reinado de Carlos I. Después de las Antillas (1492-1508), se conquistaron los imperios azteca (Cortés, 1520/21) e inca (Pizarro 1532/43), y las culturas Muisca en la actual Colombia (Quesada, 1537) y del Mississippi (Hernando de Soto, 1539-43). Chile y Argentina se conquistaron sobre todo en la segunda mitad del siglo XVI. El comercio con las colonias americanas fue privilegio de la Corona de Castilla hasta el siglo XVIII y se canalizó a través de la Casa de Contratación de Indias, en Sevilla, fundada en el año 1503.

Carlos I en España

En España, la elección de Carlos I como rey no fue bien acogida en un principio. Carlos I era extranjero, y no parecía muy interesado en los problemas del país. La elección como Emperador confirmó esta sospecha, sobre todo en Castilla. Como la Corona de Aragón no contribuía[19] a los gastos del rey, éste solamente podía pedir impuestos a la Corona de Castilla. Castilla temió con razón que debería pagar la política europea de Carlos I. Después de su primera ausencia del reino (1519), las ciudades castellanas más importantes se rebelaron contra el nuevo rey (rebelión de los Comuneros, 1520–1522).

Rebeliones en Castilla

Carlos I venció en Castilla, pero a un alto precio: la política universal del monarca se impuso sobre los intereses de sus reinos españoles. Como los impuestos de Castilla no eran suficientes para financiar su política universal, el rey dependió cada vez más del capital extranjero, sobre todo alemán e italiano. Con el tiempo, la riqueza de España fue más aparente que real: la mayor parte del dinero que llegaba de América servía para pagar los créditos de la corona.

Éxito político, consecuencia económica negativa

19 contribuir: beitragen

La administración de los reinos

Virreyes y Consejos

La administración de los vastos dominios de Carlos I se resolvió con una combinación de centralismo y autonomía. Todos los reinos mantuvieron sus órganos institucionales. La figura del Virrey[20] y el Gobernador (en Flandes) era el puente que unía al rey y sus reinos fuera de Castilla. Los puestos de Virrey eran ocupados por miembros de la alta nobleza. Por ejemplo, la segunda mujer de Fernando el Católico, Germana de Foix, fue Virreina de Valencia. Además, el número de Consejos aumentó: el Consejo de Hacienda[21] (1523), el Consejo de Indias (1524), entre otros.

La abdicación[22] de Carlos I

El reparto de las posesiones

Las guerras continuas y los fracasos en su política exterior debilitaron a Carlos I. En el año 1551 Carlos entregó el título de Emperador a su hermano **Fernando** y separó la Casa de Austria en dos ramas: la española y la austríaca. Fernando inauguró así la historia de la monarquía austro-húngara, que desapareció en 1918. Cinco años más tarde (1556), y de manera poco habitual para la época, Carlos I renunció al trono de España a favor de su hijo Felipe II y se retiró al convento de Yuste, en Extremadura, donde murió al cabo de dos años.

1500: Nacimiento de Carlos en Gante, Flandes
1516: Rey de España
1519: Emperador
1520–22: Rebelión de Castilla
1556: Abdicación

Primera mitad del siglo XVI (1516–1556)

1517: Tesis de Lutero en Wittenberg
1545: Concilio de Tronto, Contrarreforma
1555: Paz de Augsburgo: el cristianismo se divide entre católicos y protestantes

Conquista y colonización de América: México, Perú, Chile...

Para recordar:

- Carlos I obtiene una inmensa herencia en Europa de sus cuatro abuelos y se hace coronar Emperador del Sacro Imperio Romano en el año 1519.
- El Emperador se enfrenta contra Francia, el imperio turco y la rebelión protestante en Alemania.
- España y sus posesiones se administran desde Castilla con los Consejos y los Virreinatos.

20 el virrey: Vizekönig
21 el Consejo de Hacienda: wörtl.: Steuerrat, heute Finanzministerium
22 la abdicación: die Abdankung

📖 **Para saber más:**
Portal Biblioteca Virtual Miguel de Cervantes, Carlos V: http://bib.cervantesvirtual.com/historia/carlosv/

Bitterli, Urs: Die Entdeckung Amerikas. Von Kolumbus bis Alexander von Humboldt. C.H. Beck.

Fernández Álvarez, Manuel: Johanna die Wahnsinnige 1479–1555. Königin und Gefangene. C.H. Beck.

Heimann, Heinz-Dieter: Die Habsburger – Dynastie und Kaiserreiche. C.H.Beck.

Felipe II (1556–1598)

El reinado de Felipe II también estuvo dominado por una política conservadora con la defensa de sus posesiones en Europa y de la fe católica. Por eso se le llamó también el rey prudente. A diferencia de su padre, Felipe II pasó la mayor parte de su vida en España. Estableció la capital definitiva en Madrid (1561) y agregó Portugal a su monarquía (1580). Durante el reinado de Felipe II España alcanzó una extensión y un poder tan grandes, que se decía que en el imperio español nunca se ponía[23] el sol.

El rey católico y prudente

La fe y la herencia

Para frenar la amenaza que suponía la expansión del imperio turco en Europa, España, el Papa y Venecia se aliaron en una Santa Liga. En el año 1571 los turcos fueron derrotados en la última cruzada del mundo cristiano, la batalla de Lepanto. La Santa Liga no intentó más, ya que el Mediterráneo había dejado de ser el centro de la política europea. En efecto, América había desplazado el interés de las naciones europeas hacia el Atlántico.

La última cruzada: Lepanto

La necesidad de comerciar sin el control español fue una causa del levantamiento de Flandes por su independencia. La otra fue que las provincias del norte (la actual Holanda) eran protestantes. Pero Felipe II no podía permitir la secesión de un territorio de la Casa de Austria. La larga y durísima represión de los Gobernadores españoles, sobre todo del duque[24] de Alba, no pudieron resolver el problema. El conflicto se complicó aun más con la intervención de Inglaterra.

Flandes: más rebeldes que herejes

Inglaterra perseguía tres motivos: debilitar a la potencia europea hegemónica del momento, ayudar a un país protestante y al mismo tiempo interferir en el comercio español con América. En efecto, Inglaterra apoyó durante todo el reinado de Isabel I (1533–1603) a los corsarios que atacaban la flota española en América, por ejemplo al famoso pirata

23 ponerse, el sol: untergehen (die Sonne)
24 el duque: Herzog

Francis Drake. Por todo esto, Felipe II decidió invadir Inglaterra en 1588. La operación fue un verdadero desastre: la Armada española, llamada la Invencible, fue derrotada por una mala estrategia y por una tormenta antes de que pudiera llegar a las costas inglesas.

La vencida Armada Invencible

Un navarro en el trono de Francia

Desde el matrimonio entre Felipe II e Isabel de Valois (1559), las relaciones de España con Francia fueron pacíficas. El conflicto estalló otra vez a causa de las guerras de religión en Francia entre los hugonotes y la Liga católica. En el año 1589 el rey francés **Enrique III** fue asesinado y el trono quedó vacante. El candidato de los hugonotes era Enrique de Borbón, miembro de la dinastía navarresa de los Borbones. Para evitar un rey protestante en Francia, Felipe II propuso la candidatura al trono de su propia hija Isabel Clara.

Apoyo a los hugonotes franceses

Pero para ser rey, Enrique de Borbón no dudó en convertirse al catolicismo (1593), con la famosa frase "París bien vale una misa", y fue coronado rey de Francia como **Enrique IV**. Este fue el último fracaso de Felipe II en política exterior. Un siglo más tarde la dinámica se invertirá: un descendiente de este rey de origen navarro subirá al trono de España. Será Felipe V de Borbón (1700), nieto de **Luis XIV**, el Rey Sol.

De Navarra a Francia, y de Francia a España

Política interior: centralización y fueros

Felipe II siguió con la centralización del Estado iniciada por sus bisabuelos los Reyes Católicos. Se crearon nuevos Consejos, por ejemplo el Consejo de Italia (1559) y el Consejo de Flandes (1588). Además, Felipe II hizo construir el palacio de El Escorial, cerca de Madrid, desde donde dirigió sus reinos. Felipe II también mandó hacer estudios geográficos y demográficos de sus reinos y creó un archivo estatal.

Los demás reinos, sin embargo, seguían teniendo sus leyes o fueros, que limitaban la intervención del rey. Las alteraciones de Aragón ejemplifican bien estos límites. En el año 1590 Antonio Pérez, Secretario de Estado, fue acusado del asesinato de un alto consejero de Flandes. Pérez se refugió en el Reino de Aragón, de donde era natural.[25] Las autoridades aragonesas se negaron a entregarlo al rey, el cual envió un ejército a Zaragoza para hacer valer su voluntad. Antonio Pérez pudo huir hacia París y los fueros aragoneses fueron respetados pero modificados en algunos aspectos (1592).

Las alteraciones de Aragón

La vigencia de los fueros permitió también el aumento del bandolerismo[26] en la Corona de Aragón. Los fueros permitían el mantenimiento de un régimen señorial especialmente opresor[27] y fuera de la influencia del rey. Había dos clases de bandolerismo: por un lado el de los propios

El bandolerismo, la mafia del siglo XVI

25 natural: (hier) gebürtig
26 el bandolerismo: Bandentum
27 opresor: unterdrückend

señores, que tenían milicias privadas. Por otro lado, los bandoleros del pueblo, que vivían de los asaltos[28] de los caminos. El bandolerismo se convirtió en un mal endémico hasta el final del siglo XVII.

Rey de Portugal

En el año 1578 el rey **Sebastián de Portugal** quiso invadir Marruecos y murió en una batalla. Murió sin hijos, y uno de los candidatos era Felipe II, cuya madre pertenecía a la dinastía portuguesa. Las Cortes portuguesas lo aceptaron como rey en el año 1581. Al año siguiente Felipe II creó el Consejo de Portugal y nombró a un Virrey.

La pobreza de España: el oro de América

El Reino de Portugal y sus posesiones de América, África y Asia hicieron aumentar la riqueza de la Casa de Austria. La llegada del metal americano a España, sin embargo, fue muy negativa, porque hacía aumentar los precios y parar la producción interior. Este paro provocó a su vez la importación de productos del extranjero, más baratos. Al final del reinado, el país era sin duda más pobre que a su comienzo.

> La nobleza española de los siglos XVI y XVII estaba dividida entre la alta y la baja nobleza. La alta nobleza tenía muchas posesiones y gobernaba el país: eran embajadores, virreyes, generales, obispos, cardenales, etc. La baja nobleza en cambio, era bastante pobre. En Castilla, esta baja nobleza la formaban los "hidalgos": eran los "hijos de algo". Los más pobres vivían de participar en la conquista de América, de entrar en los ejércitos del rey o bien de trabajar en la burocracia imperial después de haber estudiado. El hidalgo más famoso es sin duda Don Quijote de la Mancha, el personaje de Miguel de Cervantes que vivía de unas modestas posesiones y casi no tenía para comer.

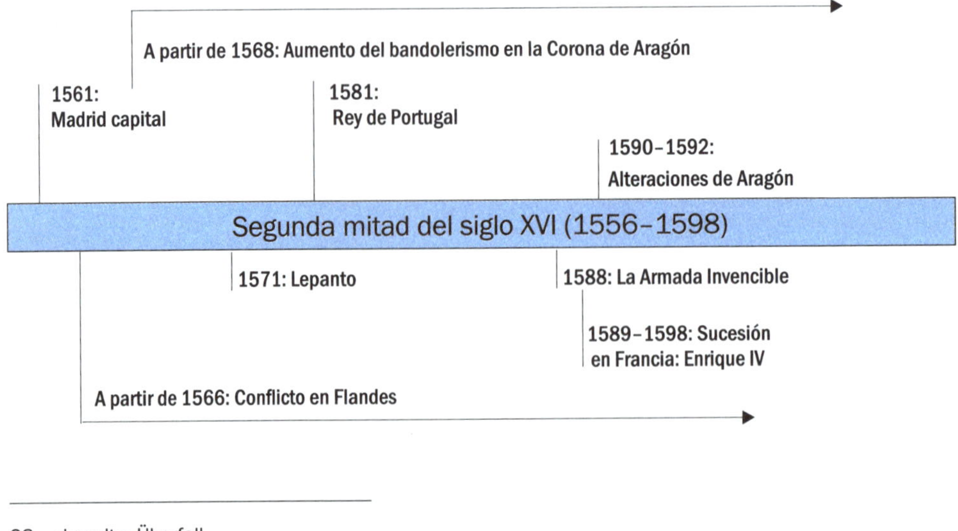

28 el asalto: Überfall

Para recordar:

- La guerra en Flandes marca la política exterior de Felipe II.
- Felipe II incorpora el Reino de Portugal durante su reinado a las posesiones de la Casa de Austria.
- La centralización del Estado solo afecta a Castilla. Los diversos reinos de la Casa de Austria mantienen sus fueros e instituciones propias.

📖 **Para saber más:**

Portal *Biblioteca Virtual Miguel de Cervantes*, Felipe II:
http://bib.cervantesvirtual.com/historia/monarquia/felipe2.shtml

Marañón, Antonio: Antonio Pérez, Der Staatssekretär Phillips II. Insel Verlag.
Mattingly, Garrett: Die Armada – Sieben Tage machen Weltgeschichte. Piper Verlag.
Vasold, Manfred: Philipp II. Rowohlt Verlag.

Ejercicios

1. ¿Lo has entendido? ¿Quién hizo qué? Ordena las personas con los hechos históricos.

1. Los Reyes Católicos
2. Cristóbal Colón
3. Carlos I de España y V de Alemania
4. Los Comuneros de Castilla
5. Felipe II
6. Antonio Pérez

a) rechazaron a Carlos I como rey porque era extranjero.
b) causó un conflicto entre el rey y Aragón.
c) unieron en matrimonio Castilla y Aragón y conquistaron Granada.
d) fue rey de España y Emperador del Sacro Imperio Romano Germánico.
e) descubrió un nuevo continente sin saberlo.
f) estableció la capital en Madrid y fue rey de España y de Portugal.

2. Texto. Escribe una redacción sobre uno de estos temas.

1. Política internacional de los Reyes Católicos. Sus consecuencias para Europa.
2. La política universal de Carlos V de Alemania. Guerras contra Francia y su conflicto con Lutero.
3. Felipe II y su defensa de la posición de España en Europa.

3. Debate. En pequeños grupos o toda la clase.

¿Creéis que los Reyes Católicos hicieron bien en expulsar a los judíos? ¿Cuáles fueron sus motivos?
Antes de debatir, preparad el debate y escribid posibles argumentos.

4. Proyecto. En grupos, preparad un trabajo por escrito o como exposición oral sobre uno de estos temas.

1. El proyecto de Cristóbal Colón para llegar a las Indias por el oeste y sus dificultades en las cortes europeas.
2. La Inquisición española y motivos para la expulsión de los judíos.
3. La diáspora judía y destino de los sefardíes hasta hoy en día.
4. El metal de América: explotación en las minas y destino en España y Europa.
5. La organización de los reinos hispánicos: fueros, Cortes, Consejos y Virreyes (siglo XVI).

Colón toma posesión de América, pintura de 1893, Estados Unidos

3. Fin de la hegemonía y cambio de dinastía: de Felipe III de Austria a Felipe V de Borbón

En este capítulo vamos a aprender:
- El fin de la hegemonía en Europa
- El conflicto en Cataluña y la secesión de Portugal en 1640
- La Guerra de Sucesión y el cambio de dinastía
- Las sucesivas pérdidas territoriales hasta el Tratado de Utrecht (1713)

Durante todo el siglo XVI, España vivió su máximo esplendor y hegemonía política. El siglo XVII, en cambio, supuso el fin de la hegemonía, porque España fue perdiendo posesiones en Europa y en América a favor de Francia y de Inglaterra. Los países europeos cuestionaron la hegemonía de España; y la pobreza del país, la corrupción en la Corte y las revueltas populares pasaron factura. Los primeros años del siglo XVIII vieron un cambio de dinastía después de una larga guerra europea y el nacimiento de un nuevo ordenamiento del Estado.

Felipe III (1598-1621) y Felipe IV (1621-1665)

El reinado de Felipe III fue relativamente pacífico en relación al anterior. Buscó la paz con Inglaterra y con Francia y en el año 1609 se firmó una tregua[29] de doce años con las Provincias Unidas de Flandes (la actual Holanda). Las dos partes necesitaban un respiro. Durante estos años Holanda pudo restablecer sus instituciones y su economía. Y no perdió el tiempo: expandió su comercio por el Caribe y las Indias españolas (América y Asia).

Paz con Europa

Corrupción en la Corte

Con el reinado de Felipe III empieza una nueva manera de gobernar. La administración se había vuelto muy compleja. Por su parte, Felipe III tampoco demostró tener mucho interés en gobernar como lo había hecho su padre. De esta manera, se impuso la figura del valido, una especie de primer ministro. El primer valido importante fue el duque de Lerma, que gobernó hasta el año 1618.

Pero este cambio significó también un aumento de la corrupción en la corte. El duque de Lerma usó el cargo para beneficiar a su familia y

29 la tregua: Waffenstillstand

para enriquecerse personalmente. Un ejemplo claro de esta situación es el traslado de la Corte a Valladolid durante cinco años, de 1601 a 1606, que hizo aumentar los precios inmobiliarios de Valladolid. Altos círculos de la Corte fueron los máximos beneficiados. Por otro lado, durante esta época los títulos nobiliarios aumentaron de manera espectacular: hasta el año 1624 la corona vendió unos 400 títulos nuevos. El rey necesitaba dinero, y además el acceso a la nobleza era al mismo tiempo ascenso social.

Los negocios de la nobleza

Los moriscos

Aunque oficialmente eran cristianos, los moriscos mantuvieron su lengua y sus antiguas costumbres árabes desde 1502. Esto fue fuente constante de crispación entre ellos y los cristianos viejos[30]. Después de una grave sublevación en la sierra de las Alpujarras (Andalucía), los moriscos fueron repartidos por toda Castilla (1571). En el campo, sin embargo, los señores los protegían porque eran una buena mano de obra. Pero entre 1609 y 1614 fueron expulsados unos 300.000 moriscos. Esta expulsión fue especialmente negativa en Valencia, Aragón y Murcia, porque se perdieron el saber de los moriscos en las técnicas de agricultura y de regadío[31] árabes.

Los últimos expulsados

El conde-duque de Olivares (1622–1643)

La primera mitad del reinado de Felipe IV estuvo marcada por la política de su primer valido, el conde-duque de Olivares. Fue un hombre de estado enérgico, impopular entre la nobleza y en política exterior rival directo del cardenal francés Richelieu, que fue primer ministro de Luis XIII entre 1624 y 1642.

Primer objetivo: la economía

Desde un primer momento el conde-duque Olivares se propuso sanear la economía y preservar la hegemonía española en Europa. Intentó crear un banco nacional para facilitar el comercio y las finanzas de la corona, pero la nobleza no colaboró en la formación del capital necesario. El modelo para este banco nacional estaba en Holanda. Tampoco la mentalidad de la época favorecía el comercio, actividad que era vista impropia de un noble. La nobleza vivía de sus propiedades y del servicio a la corona.

Segundo objetivo: mantener la hegemonía europea

Dos frentes: Holanda y Francia

En política exterior, España se vio envuelta en dos guerras a la vez contra Holanda y Francia. La tregua con Holanda había terminado en 1621, y el conde-duque Olivares no quiso ceder: no solamente estaba en juego el prestigio de España sino también el monopolio en las colonias de América y de Asia. Por su parte, Francia había entrado en la Guerra de los Treinta Años (1618–1648) para debilitar la hegemonía de los Austria en

---

30 los cristianos viejos: Christen, die nicht aus dem Judentum oder dem Islam konvertiert waren

31 el regadío: Bewässerung

Europa. Pero Castilla estaba en plena recesión económica y demográfica, y estas dos guerras sobrepasaban sus capacidades. Ya no podía financiar sola tantas guerras.

El conde-duque Olivares pidió entonces a los reinos asociados (Portugal, Aragón y Nápoles) que contribuyeran con dinero y soldados a las guerras europeas con la llamada Unión de Armas (1625). Las Cortes de Aragón y Valencia accedieron, pero las de Cataluña no. El valido se había equivocado en las capacidades reales de Cataluña: pidió tantos soldados a Portugal como a Cataluña sin tener en cuenta que Portugal tenía el doble de población. Ante la negativa catalana, Olivares mandó los ejércitos castellanos por Cataluña en la guerra contra Francia. En efecto, los franceses estaban amenazando el **Rosellón.**

Intento fracasado de unificación entre todos los reinos

1640: rebelión en Cataluña...

En este momento la política exterior alcanzó el territorio español. Los ejércitos castellanos causaron un gran malestar entre la población catalana. En el año 1640 los campesinos se sublevaron y mataron al Virrey en Barcelona. Las élites catalanas se vieron entonces entre la espada y la pared: tenían ante sus puertas el comienzo de una revolución social pero tampoco podían pedir ayuda al rey porque le habían negado su ayuda. Para salir de la situación otorgaron el condado de Cataluña al rey francés Luis XIII con la condición de que respetara las leyes del país. Pero éste invadió Cataluña durante trece años, durante los cuales el país fue un auténtico campo de batalla entre castellanos y franceses por el control de Cataluña.

...y secesión de Portugal

Aprovechando el conflicto en Cataluña, ese mismo año la nobleza portuguesa proclamó al duque de Braganza rey de Portugal como **Juan IV**. Portugal no quería participar en la política de la Casa de Austria y además veía peligrar sus posesiones coloniales. En efecto, entre 1626 y 1630 los holandeses estuvieron a punto de anexionarse Brasil, y seguían expandiendo su comercio por Asia. España no reconoció esta secesión, pero ya no pudo hacer nada para recuperar Portugal. Con el tratado de Lisboa del año 1668 España reconoció definitivamente su independencia.

Cambio de hegemonía en Europa: Francia

Ante todos estos problemas, Felipe IV destituyó al conde-duque de Olivares en 1643. Pero la **Paz de Westfalia,** con la que se terminó la Guerra de los Treinta Años (1648), fijó un nuevo equilibrio europeo. España reconoció por fin la independencia de las Provincias Unidas, la actual Holanda. Al mismo tiempo Francia emergió como primera potencia europea: se alió con Inglaterra y continuó la guerra contra España.

La Paz de Westfalia: nuevo equilibrio europeo

La paz con Francia se firmó en el año 1659 con el Tratado de los Pirineos. Vencedora, Francia ganó más territorios. En su frontera del sur Francia se quedó con el **Rosellón** y el condado de **Conflent.** En su frontera del norte, Francia se anexionó el condado de Artois y algunas ciudades de Flandes. De esta manera Francia rompió el anillo de posesiones españolas que unían Italia y Flandes por tierra. Además, la Inglaterra de Cromwell se anexionó la isla de Jamaica que había invadido en 1655.

El Tratado de los Pirineos: más pérdidas territoriales

Llívia es una pequeña ciudad cerca de Andorra y dentro de Francia que pertenece a España. El Tratado de los Pirineos solo hablaba de los *pueblos* del norte de Cataluña. Pero Llívia tenía el título de villa, es decir ciudad. Se lo había otorgado el Emperador Carlos V en 1528. Por eso quedó como enclave dentro de Francia. En España hay dos enclaves importantes más: el Condado de Treviño y el Rincón de Ademuz. El primero está dentro de la provincia de Álava (País Vasco) pero pertenece a Burgos, y el segundo pertenece a Valencia pero está entre Castilla y Aragón. Como Llívia, los dos son una herencia de los tiempos anteriores a los estados modernos, en los que eran los señores quienes decidían y mandaban, sin tener en cuenta la opinión de los pueblos.

Levantamientos generales y pobreza en Castilla

Las guerras continuadas en Europa provocaron una crisis general en todos los reinos. Hubo levantamientos populares en Castilla y Nápoles contra los impuestos y por la falta de alimentos. En Andalucía y Aragón la nobleza incluso se levantó contra el rey en dos movimientos secesionistas que no tuvieron éxito. Pero la peor parte se la llevó Castilla. Muchas zonas se despoblaron a causa de los impuestos abusivos, las continuas epidemias, las levas[32] de soldados y la emigración a América. Además, el comercio y la industria textil también decayeron y ciudades como Burgos perdieron su anterior riqueza. Durante la segunda mitad del siglo XVII el peso económico y demográfico de España se desplazó hacia la periferia: Andalucía, Valencia, Cataluña, País Vasco y Asturias sobre todo.

Castilla deja de ser el centro económico

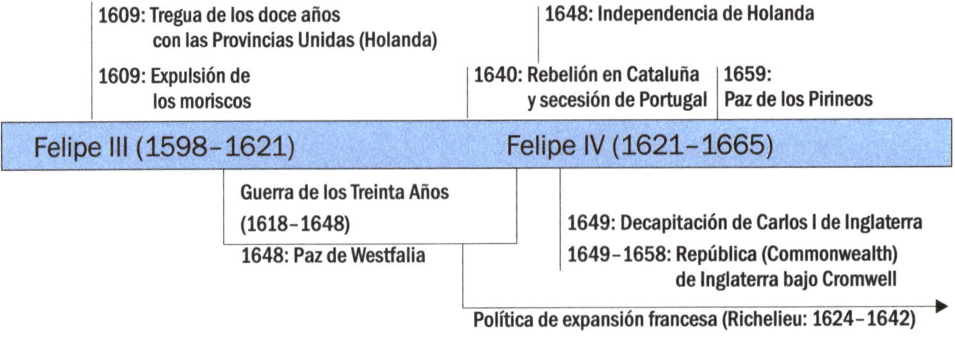

32 la leva (de soldados): Einberufung zum Militär

Para recordar:

- A partir de Felipe III el valido dirige el estado en nombre del rey.
- La política del conde-duque de Olivares no consigue mantener la hegemonía española en Europa y provoca la secesión de Portugal.
- La Paz de Westfalia impone un nuevo equilibrio europeo a favor de Francia, Holanda e Inglaterra.

Para saber más:

Portal *Biblioteca Virtual Miguel de Cervantes,* Felipe III y Felipe IV:
http://bib.cervantesvirtual.com/historia/monarquia/felipe3.shtml
http://bib.cervantesvirtual.com/historia/monarquia/felipe4.shtml

Museo del Prado, visita virtual:
www.google.es/prado

Antiquarisch zu beziehen (z.B.: www.antiquario.de, www.zvab.com):
Keyes, Frances Parkinson: König Phillip IV. von Spanien. Diana Verlag.
Marañón, Gregorio: Olivares. Der Niedergang Spaniens als Weltmacht. Callwey Verlag.

Carlos II de Austria (1665–1700) y Felipe V de Borbón (1700–1746)

El último rey de los Austrias y la nueva dinastía

Carlos II de Austria llegó al trono con solo cuatro años, y siempre fue un hombre débil y enfermizo. Tanto en la Corte como en toda Europa hubo siempre intrigas de poder, sobre todo hacia finales de su reinado. Al morir sin descendencia, empezó la carrera por las todavía grandes posesiones de los Austrias españoles. La ganó Francia, que impuso un nuevo rey de su dinastía.

Período de estabilidad interna

A pesar de la debilidad del rey, el reinado de Carlos II fue un período de estabilidad. Se llevó a cabo una reforma monetaria para erradicar la inflación y se incentivó el comercio y la producción interna, siguiendo el modelo francés de una economía mercantilista, es decir dirigida por el Estado. En 1682 incluso se permitió por primera vez que la nobleza se dedicase al comercio, hasta entonces tarea de los estamentos[33] inferiores.

Alianza contra Francia

En política exterior, el reinado de Carlos II coincidió con el de Luis XIV de Francia, el Rey Sol, que siguió la política de expansión de fronteras empezada por el cardenal Richelieu. Francia invadió Flandes (1667) y el Franco Condado (1678) y provocó una nueva guerra europea. Francia

33 el estamento: Gesellschaftsschicht

pudo mantener el Franco Condado pero en 1697 pidió la paz y devolvió Flandes a España. El interés prioritario de Luis XIV entonces era otro: la herencia de las posesiones españolas.

Ya antes de la muerte de Carlos II hubo acuerdos secretos para decidir la suerte del imperio español. El último de ellos fue entre Luis XIV y **Guillermo III de Orange**, rey de Inglaterra, que preveía el reparto de las posesiones españolas entre el **Archiduque Carlos de Austria** y Felipe de Anjou, nieto de Luis XIV. Pero Carlos II se enteró de este pacto antes de morir y no lo aceptó, puesto que no podía permitir que el patrimonio de los Austria se rompiera. Por eso nombró heredero a Felipe de Anjou, el candidato que parecía más fuerte para defender los intereses españoles.

El reparto del botín

Muchos alimentos que comemos hoy en día provienen del continente americano: el tomate, el chocolate, el maíz, la patata o papa, la calabaza o zapallo, el pimiento (en América ají o chile), el aguacate... y también el tabaco. Estas palabras vienen de las lenguas indígenas de América. Por ejemplo, chocolate significaba en nahuátl, la lengua de los aztecas, "agua amarga". Todos estos productos se fueron introduciendo en Europa durante los siglos XVI y XVII. Al principio fueron considerados más bien curiosidades o incluso medicamentos (¡también el tabaco!). El chocolate llegó a Francia con el matrimonio de Ana de Austria, hija de Felipe II, con el rey Luis XIII de Francia (1615), y de ahí pasó al resto de Europa. La patata se plantó primero sólo por su flor blanca, hasta que en el siglo XVII se descubrió su importancia para la agricultura: había sido el único vegetal que sobrevivió un duro invierno en Irlanda.

La Guerra de Sucesión

En un primer momento, el nuevo rey, Felipe V, fue bien acogido en España. Pero su abuelo, Luis XIV, dio a entender que Felipe tenía también derecho a la corona francesa. Entonces las potencias europeas se aliaron contra Francia. Holanda, Inglaterra, el Sacro Imperio Romano-Germánico (Austria), Dinamarca y Saboya declararon rey de España al Archiduque Carlos de Austria, hermano del Emperador José I. Con la invasión de Gibraltar y Menorca (1703) por parte de Inglaterra, el conflicto llegó a España, y dentro del país estalló una guerra civil: el reino de Aragón se puso de lado de Carlos de Austria y Castilla, el País Vasco y Navarra apoyaron a Felipe V.

Castilla felipista, Aragón austracista

En 1711, sin embargo, la guerra en Europa dio un giro inesperado. José I, Emperador de Austria, murió y su hermano el Archiduque Carlos volvió a Viena. Para evitar que Carlos fuera rey de España y Emperador a la vez (como pasó con Carlos I en 1519), los aliados se retiraron y reconocieron a Felipe de Anjou como rey de España.

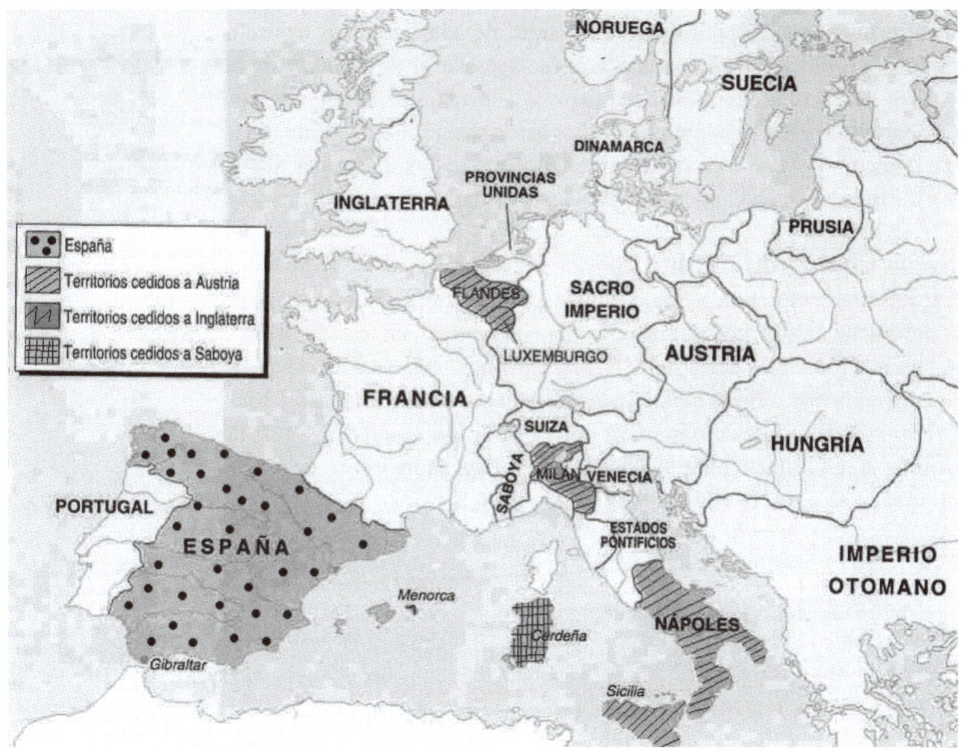

Pérdidas territoriales de España con el Tratado de Utrecht, 1713

El tratado de Utrecht

Aunque la guerra continuaba en España, los países europeos firmaron la paz en 1713 con el tratado de Utrecht. Para garantizar un equilibrio de poder en Europa, España tuvo que renunciar a todas sus posesiones europeas. Inglaterra se quedó con Gibraltar y Menorca y obtuvo derechos para comerciar con las colonias españolas en América. Fue el primer paso para romper el monopolio comercial español. Flandes, Nápoles, el Milanesado y la isla de Cerdeña fueron entregados al Imperio de los Austrias, y la provincia de Sacramento (el actual Uruguay y parte de Paraguay) pasó a Portugal. Con estas últimas pérdidas territoriales España pasó a ser una potencia de segundo orden en Europa.

Los Decretos de Nueva Planta

Reforma jurídica y administrativa

Como medida de castigo a los súbditos rebeldes, Felipe abolió los fueros de Aragón, Valencia, Cataluña y Mallorca en sucesivos Decretos de Nueva Planta (1707–1716). Estos Decretos transformaron los antiguos reinos de la Corona de Aragón en provincias. El Consejo de Aragón fue suprimido y se implantó el modelo administrativo y jurídico de Castilla. En el plano económico se suprimieron las aduanas interiores y se introdujo un impuesto directo y unitario, aunque diferente a los impuestos de

Castilla, en su mayoría indirectos. En cuanto al poder central, el Consejo de Castilla se reorganizó con las llamadas Secretarías de Estado para la Guerra, la Marina, las Indias y Finanzas y Justicia, cada una con sus respectivos ministros. Sin embargo, las reformas no fueron generalizadas. Navarra y el País Vasco mantuvieron sus fueros y sus aduanas. Estos territorios pasaron a llamarse las *provincias exentas*.

Hacia un estado moderno

Empieza la Ilustración

Las reformas emprendidas por Felipe V seguían la tendencia de la época a otorgar al rey el poder absoluto para garantizar un estado fuerte. Además, a principios del siglo XVIII empieza una nueva era en el pensamiento europeo: la **Ilustración.** Este movimiento defiende la razón frente al poder de la Iglesia e impulsa el desarrollo de las ciencias y de la economía. La influencia de la Ilustración en España irá en aumento durante todo el siglo XVIII.

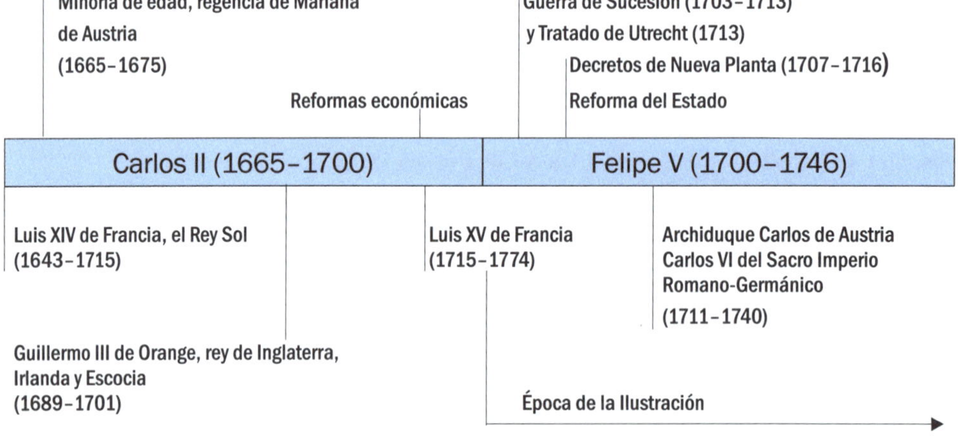

Para recordar:

- El reinado de Carlos II supone un período de estabilidad interna.
- La muerte de Carlos II sin heredero desencadena la Guerra de Sucesión.
- Felipe V suprime los fueros de Aragón, Cataluña y Valencia pero respeta los de Navarra y el País Vasco. Sienta así las bases de un estado unificado.

📖 **Para saber más:**

Portal *Biblioteca Virtual Miguel de Cervantes, Carlos II y Felipe V:*
http://bib.cervantesvirtual.com/historia/monarquia/carlos2.shtml
http://bib.cervantesvirtual.com/historia/monarquia/felipe5.shtml

Los Decretos de Nueva Planta:
www.gencat.net/generalitat/cas/guia/antecedents/antecedents9.htm
http://www.cortesaragon.es/Aragon en la historia de Espn2120.html

Malettke, Klaus: Die Bourbonen. 1589–1848. Kohlhammer.

Ejercicios

1. ¿Lo has entendido? Ordena las frases cronológicamente.

En la segunda mitad del siglo XVII, Francia empieza a ser la nueva potencia europea. ❐

El proyecto de la Unión de Armas pretendía que todos los reinos contribuyeran a los gastos de las guerras europeas porque los impuestos de Castilla ya no eran suficientes. ❐

Cuando el último rey de la Casa de Austria murió, estalló la Guerra de Sucesión por la Corona española. ❐

El primer rey de la Casa de Borbón introdujo reformas jurídicas y administrativas basadas en una política absolutista. ❐

Los moriscos fueron expulsados por las mismas razones que los judíos. ❐

La figura del valido se introdujo por la complejidad de la política pero también por el desinterés del rey. ❐

2. Texto. Escribe una redacción sobre uno de estos temas.

1. La política del conde-duque de Olivares. Consecuencias para Europa y para España.
2. Intereses europeos a la muerte de Carlos II. Motivos de la Guerra de Sucesión a nivel europeo y a nivel español.
3. Los Decretos de Nueva Planta y sus consecuencias para España.

3. Debate. En pequeños grupos o toda la clase.

¿Creéis que hicieron bien los últimos reyes de Austria en la defensa de su patrimonio europeo? ¿Cuáles fueron sus motivos? ¿Qué cambios se estaban dando en la actual Holanda en el siglo XVII? ¿Qué consecuencias tuvo para España esta política internacional?

Antes de debatir, preparad el debate y escribid posibles argumentos.

4. Proyecto. En grupos, preparad un trabajo por escrito o como exposición oral sobre uno de estos temas.

1. La vida y obra de Velázquez, pintor de la corte de Felipe IV. Su obsesión por entrar en la Orden de Santiago y pertenecer a la nobleza.
2. La política española del conde-duque de Olivares. Su proyecto de la Unión de Armas. Consecuencias para España.
3. La Paz de Westfalia: nuevo orden europeo. Consecuencias para España.
4. El Tratado de los Pirineos con Francia y consecuencias para Cataluña. La ciudad de Llívia.

***Las Meninas*, Diego Velázquez, 1656**

4. Ilustración y fin del Antiguo Régimen: de Carlos III a Fernando VII

En este capítulo vamos a aprender:
- La época de la Ilustración en España: reformas sin cambios sociales
- La Guerra de la Independencia y la Constitución de Cádiz (1812)
- La independencia de casi todas las colonias americanas
- El nacimiento de los partidos: conservadores y liberales

Durante todo el siglo XVIII los reyes españoles gobernaron según el denominado despotismo ilustrado, resumido por la frase *todo para el pueblo pero sin el pueblo*. Así, se emprendieron cambios en la economía y la cultura, pero sin cuestionar las estructuras sociales ni los privilegios de la nobleza y la Iglesia. La Revolución Francesa y la invasión de Napoleón (1808), sin embargo, cortaron bruscamente los primeros cambios e hicieron aumentar las diferencias entre progresistas y conservadores. Por eso, el reinado de Fernando VII estuvo marcado por las luchas de poder entre estas nuevas tendencias políticas.

Carlos III (1759–1788)

Primeros pasos de la política reformista

Cuando accedió al trono de España, Carlos III había sido durante 24 años rey de Nápoles (1735–1759). Carlos III sucedió a su hermano Fernando VI (1746–1759), cuyo reinado fue un periodo de paz con una política exterior concentrada en las posesiones americanas. Durante el reinado de Fernando VI se fortificaron los puertos más amenazados por Inglaterra, por ejemplo el de La Habana (Cuba) y el de Cartagena de Indias en Colombia. En España, los ministros de Fernando VI empezaron a limitar la influencia de la Iglesia e impulsaron los catastros, listas de bienes que registran la riqueza total del país.

Los Pactos de Familia

Prusia entra en escena

Desde Felipe V la familia real española se alió con Francia con los Pactos de Familia (1733, 1743 y 1761). El último Pacto de Familia se situó en el marco de la Guerra de los Siete Años (1756–1763) en Europa, que provocó **Prusia** para controlar **Silesia**. Rápidamente se formaron dos bandos: Inglaterra, Prusia y Hannover contra Francia, España, Austria, Rusia y Sajonia. Prusia resultó ganadora y surgió como nueva potencia europea.

Las reformas de Carlos III

El primer Secretario de Hacienda de Carlos III, el marqués de Esquilache, quiso reformar la economía liberalizando los precios de los cereales. Se pensaba así que estos bajarían. Pero el resultado fue que los propietarios almacenaron los cereales y los precios subieron. Por otra parte, Esquilache intentó prohibir las típicas capas largas y los sombreros de ala ancha que permetían tapar la cara a ladrones y estafadores.[34] Esta prohibición se sumó al descontento por la subida de precios y la población de Madrid se sublevó. Al extenderse la protesta por otras ciudades de España, Carlos III tuvo que frenar las reformas económicas.

El motín de Esquilache (1766)

Estas protestas fueron una advertencia a la Corte ilustrada de hasta dónde podían llegar sus proyectos de reforma. Al descontento popular se añadieron las intrigas de círculos conservadores de la Corte y de la Iglesia contra Esquilache, porque la política económica liberal iba en contra de sus intereses como señores y terratenientes[35]. Las siguientes reformas serán más moderadas.

Freno a las reformas

Reformas sí, revolución no

Aunque la voluntad de hacer progresar el país existía, los gobernantes no cuestionaban el orden social. Sin embargo, sí exigían que la nobleza y el clero fueran conscientes de su responsabilidad hacia el pueblo. Este fue el mayor cambio de mentalidad de la época en toda Europa, promovido también por el auge de las ciencias naturales y el comienzo de un pensamiento racionalista y crítico con la religión. Pero las élites ilustradas españolas tendrán muchas dificultades para fomentar el avance necesario, en una España prácticamente aislada desde el siglo XVII de las nuevas corrientes científicas y filosóficas del resto de Europa.

> Hasta finales del siglo XVIII, España tenía tres banderas: el estandarte del rey, las banderas militares y la bandera de Marina. Todos los barcos de los países donde reinaban los Borbones (Francia, España y Nápoles) llevaban una bandera blanca. Para evitar confusiones en el mar, la marina española diseñó una bandera bicolor, roja y amarilla, que llevaron todos los barcos españoles a partir de 1785. El rojo y el amarillo eran también los colores de los reinos de la antigua Corona de Aragón, incluido el de Nápoles. En el siglo XIX, la nueva bandera de Carlos III se convertirtió en la bandera nacional española, con la excepción de la bandera republicana (tricolor: rojo, amarillo y morado), que fue la oficial durante la Segunda República (1931–1939). Las Comunidades Autónomas actuales que formaban la Corona de Aragón (Aragón, Valencia, Cataluña y Mallorca) conservan su bandera medieval.

---

34 el estafador: Betrüger

35 el/la terrateniente: Großgrundbesitzer(in)

La necesidad de una reforma agraria en el sur

En la Andalucía interior y en Extremadura la tierra estaba muy mal repartida y concentrada en latifundios[36], que pertenecían a la nobleza o a la Iglesia. Los que no se utilizaban para la agricultura se llamaban las manos muertas. Otros eran destinados a la ganadería. A diferencia del norte de España, donde los campesinos eran propietarios de sus tierras, los campesinos andaluces y extremeños eran jornaleros[37] muy pobres y casi sin recursos.

Alemanes y suizos en Sierra Morena

Una de cal...

Nuevas Poblaciones

Para paliar esta situación, el gobernador de Andalucía, Pablo de Olavide, llevó a cabo el proyecto de colonización llamado Nuevas Poblaciones (1769–1773) en Sierra Morena (actual provincia de Jaén). Se fundaron alrededor de cincuenta poblaciones nuevas y se repartieron tierras. Los primeros colonos fueron alemanes del sur y suizos, atraídos por el aventurero bávaro Thürriegel, que tenía relaciones en la Corte y que en un primer momento había propuesto colonizar vastos territorios de América. Los actuales habitantes de estas poblaciones andaluzas todavía llevan los apellidos de esos colonos, y tienen ojos claros y pelo rubio en contraste con la mayoría de la población andaluza.

...y otra de arena[40]

La condena de Olavide

El proyecto de repoblación tuvo un éxito considerable. Olavide también impulsó la minería, hizo construir fábricas y consiguió combatir el bandolerismo de la zona. Pero el proyecto provocó las críticas de los grandes propietarios. Muy influenciado por la ilustración francesa (conoció a Voltaire), Olavide fue arrestado por la Inquisición y dos años más tarde condenado por impiedad.[38]

Desarrollo lento, pero desarrollo

La economía arranca

El desarrollo del país siguió fomentándose con diferentes medidas económicas a la vez liberales y dirigistas. Liberal fue la apertura del comercio con América. A partir de 1778 Cádiz perdió su monopolio comercial que ostentaba[39] desde 1717. Esta apertura benefició el norte de España, sobre todo a Cataluña con su incipiente burguesía y su tradicional iniciativa privada. Dos medidas dirigistas fueron la creación del primer banco nacional, el Banco de San Carlos (1782), y la inversión en manufacturas reales de productos de lujo (espejos, tapices, porcelana, etc.). Estas manufacturas emplearon a muchos obreros, y a finales del siglo XVIII se empieza a desarrollar lo que un siglo más tarde se llamará el proletariado.

---

36 el latifundio: Großgrundbesitz

37 el jornalero: Tagelöhner

38 la impiedad: Gottlosigkeit

39 ostentar: (hier) innehaben

40 Una de cal y otra de arena: Einmal hü und einmal hott (sagen)

Dar trabajo al pueblo fue una de las preocupaciones de las élites como medida para erradicar la pobreza. La mentalidad de la época ya no veía con buenos ojos la mendicidad[41], antes aceptada porque la caridad cristiana de la nobleza y la Iglesia la contrarrestaba. Pero la pobreza no disminuyó, puesto que el desarrollo fue muy desigual. A finales del siglo XVIII se van perfilando las tres zonas económicas que dominarán durante el siglo XIX: un interior subdesarrollado (excepto Madrid), una Andalucía agraria latifundista y una periferia industrial en el norte y en el Levante[42].

Asunto pendiente: la pobreza

La fundación de las Sociedades Económicas de Amigos del País fue otra medida de desarrollo. Las Sociedades fueron círculos locales que tenían el permiso del rey para organizar tertulias[43], premiar estudios o financiar proyectos. La primera fue la Sociedad Vascongada de Amigos del País (1765). La Sociedad Económica de Madrid (1775) incluso admitió a mujeres, algo muy novedoso para la época. Pero su influencia fue muy limitada. A pesar de su contribución a la difusión de las ideas ilustradas europeas, sobre todo a través de la prensa, los sectores conservadores siempre opusieron su resistencia.

Las Sociedades Económicas, la universidad de la nobleza

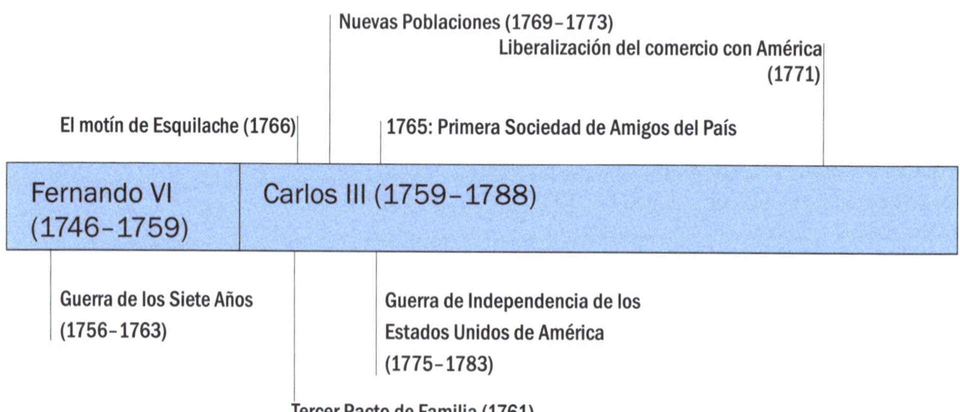

Para recordar:
- En el siglo XVIII España se alía con Francia pero ocupa un papel secundario en la política europea.
- Las élites ilustradas promueven reformas económicas y sociales pero sin cuestionar el orden estamental y los privilegios.
- Las nuevas ideas ilustradas causan malestar entre los sectores más conversadores, que se oponen a ellas.

---

41 la mendicidad: Bettelei

42 el Levante: Ostküste Spaniens am Mittelmeer (Valencia und Murcia)

43 la tertulia: Gesprächskreis

Para saber más:

Portal *Biblioteca Virtual Miguel de Cervantes*, Carlos III:
http://bib.cervantesvirtual.com/historia/monarquia/carlos3.shtml

Portal *Historiasiglo20, Siglo XVIII en España:*
www.historiasiglo20.org/HE/8.htm

Fundacion de Municipios Pablo de Olavide:
http://www.fundaciones.upo.es/web/fundacion-municipios

Hänsel, S. u. Frank, C.: Spanien und Portugal im Zeitalter der Aufklärung. Vervuert Verlagsges.

Carlos IV (1788–1808) y Fernando VII (1808–1833)

El reinado de Carlos IV coincide[44] casi plenamente con la Revolución Francesa (1789). Los acontecimientos de la guerra europea contra la Francia revolucionaria influenciaron los reinados de Carlos IV y Fernando VII, y la política de Napoleón en Europa determinó la política interior española hasta su derrota definitiva (1814).

La Revolución Francesa y Napoleón

Primeras reacciones ante la Revolución Francesa

Las autoridades españolas reaccionaron en un primer momento cerrando las fronteras para evitar la entrada de noticias del país vecino. Hasta la muerte de Luis XVI (1793), España apoyó a Francia, pero la **Convención** francesa declaró la guerra a España e Inglaterra ese mismo año. Carlos IV nombró entonces a Manuel de Godoy como primer ministro.

En guerra contra Francia

Godoy buscó enseguida la neutralidad de España en el conflicto de la Francia revolucionaria con Europa, y la paz se firmó en el año 1795 con la cesión a Francia de la mitad de la isla de Santo Domingo, el actual Haití. A partir de 1799, sin embargo, la pretendida neutralidad de España se convirtió en ficción debido a la presión de Napoleón. Su política imperial obligó a España a apoyar a Francia tanto por tierra como por mar.

Godoy manda pero Napoleón dispone

¿Neutralidad? Más bien guerra indirecta

Por culpa del apoyo no oficial a Francia la marina inglesa no cesó de atacar a la española. Estos ataques interrumpieron el comercio con las colonias americanas a partir de 1796, con lo que se produjo un declive de la actividad económica española y de los ingresos[45] del Estado. Para paliar esta dramática pérdida de ingresos, en el año 1798 se pusieron a la venta vastas propiedades de la Iglesia, la primera desamortización de propieda-

La primera desamortización eclesiástica

44 coincidir: (hier) zusammenfallen
45 el ingreso: (hier) Einkommen

El Tres de Mayo, **Francisco de Goya y Lucientes, 1814**

des eclesiásticas. Como consecuencia, la oposición conservadora hacia toda tendencia liberal y modernizadora no dejó de aumentar.

La batalla de Trafalgar

Mientras tanto, la guerra en Europa seguía su curso. Para lograr su objetivo de invadir Inglaterra, Napoleón necesitaba la flota española. En el año 1805 tuvo lugar la famosa batalla de Trafalgar, delante de Cádiz, entre los ingleses capitaneados por Nelson y una coalición francoespañola. Para España, la derrota de Trafalgar marcó el fin definitivo del monopolio comercial con América y el hundimiento[46] de su marina.

1808–1813: La Guerra de la Independencia

A pesar de la derrota de Trafalgar, Napoleón decretó en 1806 el bloqueo continental contra Inglaterra en toda Europa. Portugal, aliado con Inglaterra, se negó a cerrar sus puertos. Inmediatamente Napoleón pactó con Godoy el permiso de entrada de tropas francesas para invadir Portugal en el tratado de Fontainebleau (1807). Sin embargo, las tropas francesas que empezaron a entrar en 1808 se comportaron en realidad como invasores, porque el plan secreto de Napoleón era extender la frontera francesa hasta el río Ebro y quedarse con el País Vasco, Navarra, Aragón (hasta Zaragoza) y Cataluña.

El motín de Aranjuez: cambio de rey

Con la guerra en casa, Godoy ordenó en marzo de 1808 el traslado de la familia real a Sevilla para poder huir a América. Pero al llegar a Aranjuez tuvo lugar un motín popular en contra de Carlos IV y Godoy. Desde la subida al poder de Godoy se había formado un grupo de oposición conservador alrededor de Fernando, el príncipe heredero. Este grupo oposi-

46 el hundimiento: Untergang

tor promovió el motín popular para proclamar rey a Fernando. Presionado, Carlos IV abdicó el mismo día de la proclamación de su hijo.

Napoleón interviene... pero el pueblo decide

Madrid, 2 de mayo de 1808

Ante este estado de cosas, Napoleón convocó a padre e hijo en Bayona, y les obligó a entregar la corona española a su propio hermano, que se convirtió así en José I. Pero Napoleón no había tenido en cuenta la voluntad del pueblo, que no aceptó ni la invasión ni el nuevo rey. Mientras tanto, en abril de 1808 las tropas francesas ya habían ocupado Madrid. El día dos de mayo la población de Madrid se sublevó y empezó así en toda España la Guerra de la Independencia contra Francia (1808–1813).

La guerra de guerrillas...

Como la revuelta popular no tenía los medios del ejército francés, numeroso y bien organizado, en toda España se formaron rápidamente tropas irregulares de hombres mal armados pero conocedores del terreno y apoyados por la población. Así se generalizaron los ataques rápidos y por sorpresa al enemigo, en una guerra de desgaste material y moral. Esta nueva táctica guerrera era la *guerrilla*, palabra que se incorporó desde entonces a otras lenguas europeas. La resistencia feroz de las guerrillas impidió la ocupación total de España, pero al final de esta guerra el país quedó totalmente arrasado y arruinado.

...y las Juntas

La guerra provocó un vacío de poder que fue solventado con la formación de Juntas[47] provinciales tanto en España como en América en nombre de Fernando VII, el único rey considerado legítimo. Estas juntas apelaron a la soberanía[48] nacional para administrar el país y organizaron la defensa nacional. Después de la primera victoria importante contra los franceses (batalla de Bailén, 1808), las diferentes Juntas se reorganizaron en una Junta Central Suprema, que tuvo que huir a Cádiz a causa de la ocupación francesa. Ahí se convocaron Cortes y se empezó la redacción de una Constitución para España y América.

La Constitución de 1812

En Cádiz no solamente se reunieron opositores a Napoleón. Un sector de la élite, los afrancesados, apoyaba las ideas de la Francia revolucionaria e incluso al rey impuesto, José I. Por su parte, el grupo contrario a Napoleón estaba dividido por tres tendencias: los absolutistas, que pretendían la vuelta al Antiguo Régimen, borrando la Revolución Francesa; los renovadores, cuyo programa era reformar sin romper con la tradición; y finalmente los liberales, los más radicales de todos.

Cuatro tendencias políticas

---

47 la junta: Ausschuss, Rat

48 la soberanía: Souveränität

Las circunstancias de la guerra favorecieron las tendencias liberales, y la Constitución resultante rompió con el Antiguo Régimen. Sus principales novedades fueron: la limitación del poder del rey, que tiene que compartir el poder con las Cortes; la abolición de los privilegios estamentales, el principio de la soberanía popular, también para los súbditos[49] de América, y la división de poderes (el legislativo, el ejecutivo y el judicial).

La Pepa

¿Qué tiene que ver la Constitución de Cádiz con la expresión *Viva la Pepa*? Pues mucho. La Constitución de Cádiz se promulgó el 19 de marzo de 1812, el día de San José. El apodo para José es Pepe; y para Josefa Pepa. En los años absolutistas del reinado de Fernando VII, las ideas liberales fueron perseguidas y pasaron a ser subversivas. La expresión *viva la Pepa* sirvió en un principio para aclamar la Constitución de Cádiz en clave dentro de los círculos liberales. Con el tiempo y hasta la actualidad, esta aclamación fue perdiendo su significado político y quedó como la frase que se usa todavía hoy en día para expresar falta de preocupación o desenfado por algo. Por ejemplo: "Tienes un examen la semana que viene y tú sin hacer nada. *Viva la Pepa,* ¿no?"

1812: El principio del fin

La Constitución de Cádiz no pudo ser más que una declaración de principios, y las Cortes sólo pudieron llevar a cabo algunas reformas hasta el final de la guerra (supresión de la Inquisición, de los gremios[50], etc.). Sin embargo, en el año 1812 Napoleón estaba de campaña en Rusia y tuvo que sacar a su ejército de España. Para terminar la guerra en España, Napoleón reconoció como rey a Fernando VII, que volvió a España en 1813.

Fin de la guerra...

España se enfrentó entonces con otra guerra de independencia: la de las colonias. En efecto, los virreinatos americanos empezaron a rebelarse al mismo tiempo que España se liberaba de Napoleón y no tenía un gobierno claro y fuerte. La rebelión americana fue irreversible. La mayoría de los actuales países de Hispanoamérica se independizaron entre 1810 y 1830. Después de 1830 a España solo le quedó Cuba, Puerto Rico y las Filipinas.

...y fin de las colonias americanas

El reinado de Fernando VII o la ley del péndulo

El reinado de Fernando VII vivió constantes luchas internas entre las nuevas tendencias políticas. El Congreso de Viena (1815) restauró en toda Europa el Antiguo Régimen y estableció un nuevo equilibrio de poderes entre las grandes potencias (Austria, **Prusia**, Rusia, Inglaterra y Francia). España ya no participó en esta gran decisión europea, pero siguió la misma tendencia de conflicto entre el conservadurismo y el liberalismo.

---

49 el súbdito: Untertan

50 el gremio: Zunft

Primera etapa: la restauración del Antiguo Régimen

Los liberales, fuera de juego

Una de las primeras disposiciones de Fernando VII al llegar a España en 1814 fue la restauración del Antiguo Régimen: suprimió las Cortes y la Constitución de Cádiz. También restauró la Inquisición y los privilegios de la nobleza. Al mismo tiempo se iniciaron la persecución y el encarcelamiento[51] de los diputados liberales de las Cortes. Muchos de ellos tuvieron que exiliarse.

El nuevo actor político: el ejército

Además de los sectores conservadores y de la Iglesia, el rey contaba también con el apoyo de una parte del ejército. Pero otra parte del ejército era de tendencia liberal. Es en esta época cuando el ejército español empieza a perfilarse como árbitro político y se mezcla en los asuntos políticos del país. Los militares del bando liberal iniciaron la costumbre de publicar continuados pronunciamientos, entonces solo declaraciones de principios. Hasta 1820 hubo prácticamente uno cada año, que fueron siempre reprimidos.

Segunda etapa: el Trienio Liberal (1820–1823)

El primer pronunciamiento con éxito

La mala gestión del gobierno absolutista y el malestar por los acontecimientos en América favorecieron la causa liberal, también dentro del ejército. El 1 de enero de 1820 un ejército reunido en Cádiz tenía que zarpar[52] hacia América. Pero el oficial Rafael Riego se pronunció[53] contra Fernando VII y el ejército de Cádiz se quedó en tierra. La sublevación se extendió rápidamente por todo el país. El rey se vio entonces obligado a jurar la Constitución de 1812 y los liberales accedieron al poder.

Los *Cien Mil Hijos de San Luis*

El gobierno de los liberales solo duró tres años. Por un lado, los mismos liberales se dividieron en dos bandos, los moderados y los exaltados. Los exaltados eran de tendencias románticas y radicales. Por otro lado los absolutistas organizaron la resistencia tanto dentro del país como fuera. Francia intervino con un ejército para restaurar el poder absoluto de Fernando VII, los Cien Mil Hijos de San Luis.

Tercera etapa: la Década Ominosa (1823–1833)

A pesar de la nueva etapa absolutista, el rey había aprendido la lección de las protestas liberales. Formó un Consejo de Ministros, que emprendió nuevas reformas, sobre todo en la economía (reforma del sistema fiscal, creación de un presupuesto anual, etc.) y en la administración.

Problema: nace una niña

Sin embargo, esta nueva etapa decepcionó a los conservadores, que se agruparon en torno al hermano de Fernando VII, Carlos María Isidro. Además, hasta el año 1830 el rey seguía sin tener descendencia, y por eso Carlos era el pretendiente al trono más factible. Pero ese mismo año nació una niña, Isabel. El rey decretó entonces la Pragmática Sanción para restaurar la antigua tradición castellana que permitía reinar a las mujeres.

51 el encarcelamiento: Inhaftierung
52 zarpar: auslaufen (Schiff)
53 pronunciarse: (hier) sich aussprechen, Stellung nehmen

De esta manera se formaron los dos bandos que determinaron la vida política de España durante el reinado de Isabel II (1833–1868). Durante su regencia[54] (1833–1843), la reina María Cristina se apoyó en los liberales. Los partidarios de Carlos Isidro, excluidos del poder, van a luchar contra el poder liberal provocando tres guerras durante todo el siglo XIX.

Problema: nacen los carlistas

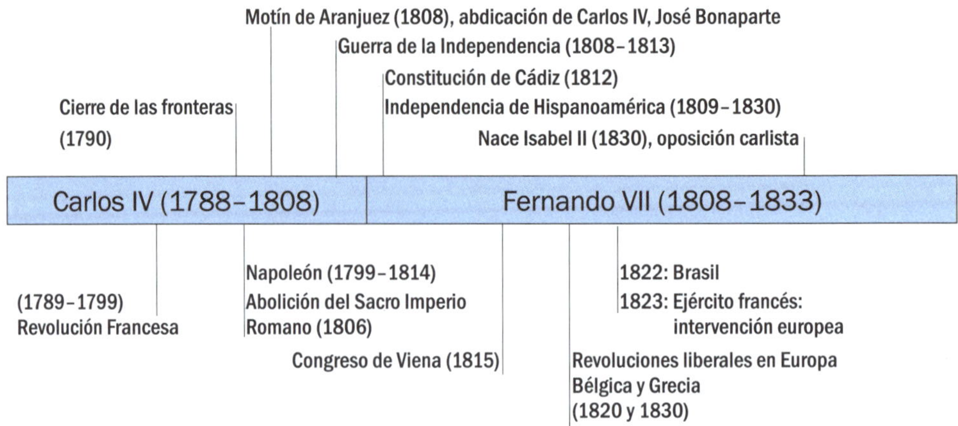

Para recordar:

- ◆ El reinado de Carlos IV se ve totalmente influenciado por los acontecimientos de la Revolución Francesa.
- ◆ Napoleón decide invadir España dentro de su política imperialista y empieza la Guerra de la Independencia.
- ◆ El reinado de Fernando VII está marcado por la pérdida de las colonias americanas y las luchas cada vez más abiertas entre liberales y conservadores.

🕮 **Para saber más:**

Webquest para 1° de bachillerato sobre la Revolución Francesa: www.juntadeandalucia.es/averroes/iesaverroes/webquest/revolucionFrancesa/paginas/introduccion.htm

Portal *Biblioteca Virtual Miguel de Cervantes*, Carlos IV y Fernando VII
http://bib.cervantesvirtual.com/historia/monarquia/carlos4.shtml
http://bib.cervantesvirtual.com/historia/monarquia/fernando7.shtml

54 la regencia: Regentschaft

Ejercicios

1. ¿Lo has entendido? Marca si las frases son verdaderas o falsas.

		V	F
a.	Las protestas provocadas por el motín de Esquilache hicieron frenar las reformas impulsadas desde la Corte.	❐	❐
b.	Las élites españolas tuvieron el mismo éxito en sus reformas ilustradas que las del resto de Europa.	❐	❐
c.	El reinado de Carlos IV estuvo marcado por la Revolución Francesa.	❐	❐
d.	La intervención de Napoleón en España provocó la Guerra de la Independencia.	❐	❐
e.	El reinado de Fernando VII fue de tendencia liberal.	❐	❐
f.	Los carlistas aceptaron a la hija de Fernando VII como nueva Reina.	❐	❐

2. Texto. Escribe una redacción sobre uno de estos temas.

1. El proyecto ilustrado en Europa y las características de la Ilustración española.
2. La Revolución Francesa y la política de Napoleón. Consecuencias para España.
3. Las nuevas tendencias liberales en Europa después de la Revolución Francesa y su influencia en España.

3. Debate. En pequeños grupos o toda la clase.

¿Por qué abolió Fernando VII la Constitución de Cádiz en 1813? ¿Qué relación tuvo esta abolición con la política europea después de las guerras napoleónicas? ¿Qué consecuencias tuvo esta decisión para su reinado?

Antes de debatir, preparad el debate y escribid posibles argumentos.

4. Proyecto. En grupos, preparad un trabajo por escrito o como exposición oral sobre uno de estos temas.

1. La vida de Pablo de Olavide y sus proyectos: universidad y Nuevas Poblaciones.
2. La vida y obra de Francisco de Goya y su relación con la historia de España.
3. Reformas económicas y desarrollo económico de España a finales del siglo XVIII.
4. La Guerra de la Independencia.
5. Causas y evolución de la independencia de las colonias hispanoamericanas. El proyecto de Simón Bolívar.

5. Revolución liberal e industrialización: de Isabel II a Alfonso XIII

En este capítulo vamos a aprender:
- La difusión del liberalismo ideológico y económico
- La debilidad del liberalismo, y el nuevo papel del Ejército
- Las nuevas fuerzas políticas: el movimiento obrero y los regionalismos

En el siglo XIX el absolutismo fue sustituido por la monarquía constitucional gracias al triunfo del liberalismo y de la burguesía. En España, este desarrollo se dio más lentamente que en el resto de Europa. Pero la dinámica fue la misma: a partir de 1833, el cambio de régimen ya es un hecho, aunque inestable hasta 1874. El ejército fue la única fuerza capaz de garantizar la estabilidad y el orden social. El precio, sin embargo, fue la primera dictadura militar del siglo XX (1923–1930). Al mismo tiempo y por varios motivos, tres movimientos se enfrentan al régimen constitucional y burgués: el carlismo, el movimiento obrero y los nacionalismos gallego, vasco y catalán.

Isabel II (1833–1868)

Las guerras carlistas

Durante todo el siglo XIX hubo tres guerras carlistas (1833–1840, 1848–1849 y 1872–1876), que los carlistas perdieron. Fueron guerras de guerrillas y siempre muy concentradas entre el País Vasco, Navarra y el norte de Cataluña y de Valencia. En realidad detrás del conflicto, que empezó por el rechazo hacia la reina Isabel, se escondía la cuestión de qué tipo de régimen político debía tener el país. Los carlistas defendían el absolutismo y el catolicismo, mientras que el liberalismo, heredero de la Ilustración, propugnaba[55] la libertad individual. La derrota de los carlistas en la primera guerra determinó su destino, que derivó en una fuerza política conservadora y defensora a ultranza[56] de los fueros vascos y navarros.

Isabel II (1830–1904)

55 propugnar: verfechten, fördern

56 a ultranza: auf Leben und Tod

Moderados y progresistas

Pero ya desde el año 1834 los verdaderos dueños de la política española fueron los liberales, divididos entre los moderados y los progresistas. La regente María Cristina (1833–1843) primero y la reina Isabel II (1843–1868) después apoyaron siempre a los moderados, más conservadores. La única posibilidad que tuvieron los progresistas entre 1833 y 1868 para formar gobiernos fue contar con la insurrección del ejército para presionar a la Corona. Esto explica el gran número de gobiernos y de textos constitucionales que se proclamaron durante esta época: el Estatuto Real de 1834 y las Constituciones de 1837, 1845, 1856 y 1869.

La Cuádruple Alianza

Otro factor que favoreció la consolidación del régimen liberal fue la formación de la Cuádruple Alianza entre Inglaterra, Francia, España y Portugal (1834). Estos cuatro países eran los únicos estados europeos con monarquía constitucional en Europa frente a Austria, Rusia y **Prusia**, que defendían políticas absolutistas. De esta manera, los carlistas españoles no obtuvieron nunca un amplio reconocimiento internacional.

Las primeras reformas liberales

Las provincias, herencia liberal

Entre 1833 y 1840 los liberales estuvieron unidos, porque el país estaba en guerra contra los carlistas. Las dos reformas más importantes que emprendieron los distintos gobiernos liberales fueron la reorganización administrativa del país en 49 provincias (1833) y otra desamortización de bienes eclesiásticos (1836). La división en provincias estaba inspirada en los departamentos franceses y ha perdurado hasta hoy con algunos ligeros cambios.

Unos ganan y otros pierden

La desamortización de 1836 permitió al Estado ampliar la base social del liberalismo, puesto que esta desamortización benefició sobre todo a la vieja aristocracia terrateniente y a los burgueses de las ciudades. La nobleza vio que no se cuestionaba su posición social y se alió con el ala moderada del liberalismo. Los grandes perjudicados fueron la Iglesia y el pueblo. Con la pérdida de recursos se desmantelaron las antiquísimas prestaciones sociales[57] eclesiásticas: los hospitales, las casas de expósitos[58], etc.

Elecciones censitarias: votas si tienes dinero

Cambio Antiguo Régimen por plutocracia

De esta manera se fue pasando de una sociedad de estamentos, donde lo que importaba eran los títulos, a una sociedad de clases, donde lo que importa son los recursos económicos. Por eso, se introdujo un sistema de elecciones en el que únicamente podían participar los ricos mediante el

57 la prestación social: soziale Leistung
58 el expósito: Findelkind

sufragio[59] censitario. Así, hasta el final del reinado de Isabel II nunca pudo votar más del 5% de la población masculina. A partir de 1840 la principal reivindicación fue la abolición de este privilegio y la implantación del sufragio universal masculino independientemente de la clase social de los electores.

Los generales toman partido

La primera guerra carlista terminó con la rendición del ejército carlista (1839). A cambio el Estado respetó los fueros navarros y vascos. Al cabo de un año, María Cristina nombró jefe del Gobierno al general que había hecho posible la victoria, Espartero. Pero Espartero era progresista, y María Cristina no. El mismo año María Cristina se exilió y Espartero se convirtió en regente.

El héroe del momento: Espartero

El triunfo del liberalismo moderado: 1843–1868

Sin embargo, el estilo autoritario de Espartero no gustó a nadie. En el año 1843 una oposición conjunta entre progresistas y moderados hizo caer a Espartero. Las Cortes declararon inmediatamente a Isabel II mayor de edad y nombraron jefe de Gobierno al general Narváez, líder de los moderados. Así empezó el largo dominio de los moderados, solamente interrumpido durante el llamado Bienio Liberal (1854–1856) y que duró hasta el exilio de Isabel en 1868.

Isabel reina y los moderados gobiernan

La Constitución del 1845

La Constitución moderada del 1845 fue la más conservadora de las promulgadas hasta entonces. Otorgó amplios poderes al ejecutivo y a la Corona. De esta manera los moderados restringieron las libertades políticas. En 1844 se creó la Guardia Civil, un cuerpo armado de organización militar cuya función era proteger a personas y propiedades, sobre todo en el campo. Esto permitió erradicar el bandolerismo de las zonas rurales, pero a partir de entonces y hasta el fin del franquismo (1977) la Guardia Civil fue símbolo de represión.

La Guardia Civil, entre policía y ejército

Centralizando el Estado: leyes, economía nacional y escuela

Tres reformas más sentaron las bases del Estado moderno actual. La primera fue el comienzo de la codificación de las leyes, terminada a finales del siglo XIX. La segunda fue la unificación de los antiguos impuestos en uno único y los intentos de unificar las diferentes monedas. Esto último se consiguió a finales del año 1868, ya sin la reina Isabel, con la peseta, palabra que viene de la antigua moneda catalana *peça* (pieza). Y

59 el sufragio: Wahlrecht

finalmente, en el año 1857 se estructuró el sistema escolar público y gratuito en tres etapas: primaria, secundaria y universitaria. Aunque su aplicación fue deficiente por falta de un financiamiento adecuado, este sistema se mantuvo hasta 1970.

Las dos caras de la misma moneda: laissez faire, laissez passer...

Y mientras el Estado era centralizado, la economía se desarrollaba hacia el sistema capitalista actual. En el año 1855 se llevó a cabo otra desamortización de bienes, esta vez de propiedades comunales[60] de los ayuntamientos. La clase dirigente volvió a ser la gran ganadora de este proceso. Además, con la ayuda de capital extranjero se tendieron 5000 kilómetros de ferrocarril en solo trece años (1855–1868), base de la red actual. Al mismo tiempo los tres focos industriales españoles despegaron definitivamente: la minería de Andalucía, la industria siderúrgica del País Vasco y la industria textil de Cataluña.

...y el movimiento obrero

El desarrollo capitalista provocó la proletarización de la gran mayoría de la población. Es en esta época cuando se desarrolla el movimiento obrero en toda Europa, a partir del Manifiesto Comunista de Marx y Engels (1848). En España, la desamortización de 1855 dejó en el desamparo[61] a los campesinos, que siempre habían usado las tierras comunales para pastar[62] o ir a buscar agua. En las ciudades, las terribles condiciones de trabajo provocaron muchas revueltas. La primera huelga general tuvo lugar en el año 1855 en Cataluña. Los obreros pedían una jornada laboral de 10 horas diarias.

Trabajadores del mundo, ¡uníos!

> La llegada del ferrocarril y el desarrollo industrial hicieron crecer las ciudades a un ritmo muy elevado. Para solucionar las necesidades de la población urbana y combatir el desempleo, los ayuntamientos desarrollaron planes urbanísticos. El más conocido es el *Pla Cerdà* de Barcelona, que creó la actual zona del *Eixample* o Ensanche (a partir de 1860). Siguieron otros ensanches en Madrid (barrio de Salamanca, 1864), en Bilbao (1876), Alicante (1888), León (1898), etc.

60 la propiedad comunal: kommunales Eigentum

61 el desamparo: Schutzlosigkeit

62 pastar: weiden lassen

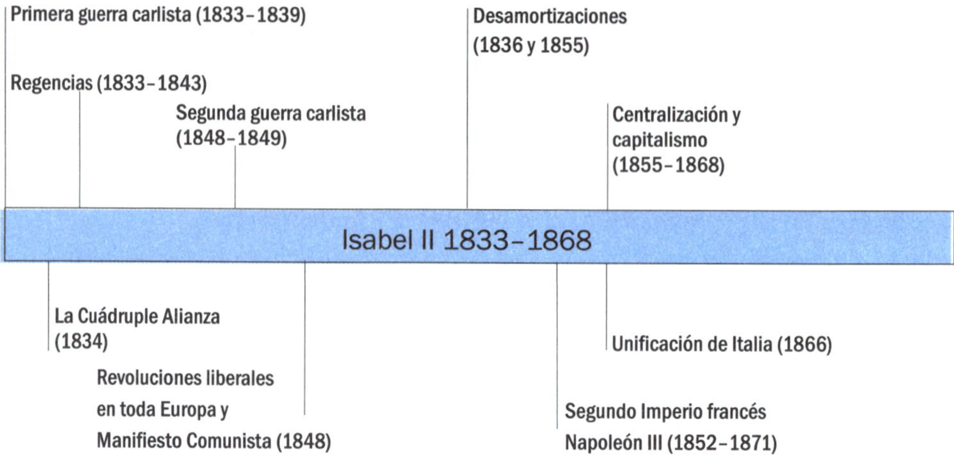

Para recordar:

- El reinado de Isabel II estuvo marcado por la oposición carlista y las luchas internas del liberalismo.
- El sistema liberal centralizó el Estado y favoreció el desarrollo del capitalismo.
- El movimiento obrero empieza a organizarse.

Para saber más:

Portal *Biblioteca Virtual Miguel de Cervantes, Isabel II:*
http://bib.cervantesvirtual.com/historia/monarquia/isabel2.shtml

Los textos constitucionales españoles:
http://bib.cervantesvirtual.com/portal/constituciones/pais.formato?pais=Espanya&indice=constituciones

Proyecto Mariano José de Larra, periodista y escritor: http://www.irox.de/larra/

El Sexenio democrático y la Primera República (1868-1875)

La revolución de septiembre: "La Gloriosa"

A partir de 1865 el régimen liberal moderado fue cada vez más conservador y represivo. En septiembre de 1868 dos generales, Prim y Serrano, se pronunciaron a favor de un cambio político y la reina se exilió a Francia. Los generales formaron un gobierno provisional y surgieron Juntas locales revolucionarias. Todos querían una renovación política: sufragio universal masculino, libertad de prensa, descentralización, derecho a asociación, etc. Estos derechos se recogieron en la Constitución del 1869, pero en realidad el primer asunto a resolver era buscar un nuevo rey. Un Borbón no lo quería nadie, así que empezó la búsqueda en Europa.

La corona fue ofrecida a diferentes miembros de la realeza europea. Uno de ellos fue el príncipe Leopoldo de Hohenzollern-Sigmaringen, primo del rey de **Prusia**. Esta candidatura fue la causa indirecta de la guerra franco-prusiana del año 1870. En efecto, al tener noticia de esta candidatura, Francia pidió garantías de que ningún alemán volvería a ser rey de España como en 1519 y declaró la guerra a **Prusia**. Esta guerra permitió el máximo objetivo del canciller Bismarck: la unificación de Alemania.

Buscamos rey y provocamos una guerra europea

Amadeo I (1871-1873)

Mientras tanto, el general Prim había encontrado un rey: **Amadeo de Saboya**, hijo del rey italiano **Víctor Manuel II**. Amadeo I reinó menos de dos años. Nunca tuvo un apoyo claro de las Cortes, y además España se enfrentaba a tres problemas serios: en primer lugar la primera sublevación cubana (1868), que duró diez años. En segundo lugar, en Cataluña, Valencia, Murcia y Andalucía se formaron territorios federales, los cantones revolucionarios. Estas revueltas iban acompañadas de reivindicaciones sociales y obreras. Y finalmente, estalló la tercera guerra carlista (1872–1876). Ante este estado de cosas, el rey abdicó el 10 de febrero de 1873.

Rey extranjero, Cuba, cantones federales y carlismo

Primera República (1873-1874)

La Primera República no tuvo mejor vida. En menos de un año se sucedieron cuatro presidentes. Además, el país seguía en pie de guerra. El ejército combatía al mismo tiempo los carlistas y los cantones. El último cantón a ser derrotado fue el de Cartagena, y para restablecer el orden por fin, el general Pavía disolvió las Cortes en enero de 1874 con el primer golpe de estado[63] de la historia. Inmediatamente, Alfonso XII, hijo de Isabel II, fue proclamado rey.

Cuando todo tiene que cambiar para que todo siga igual

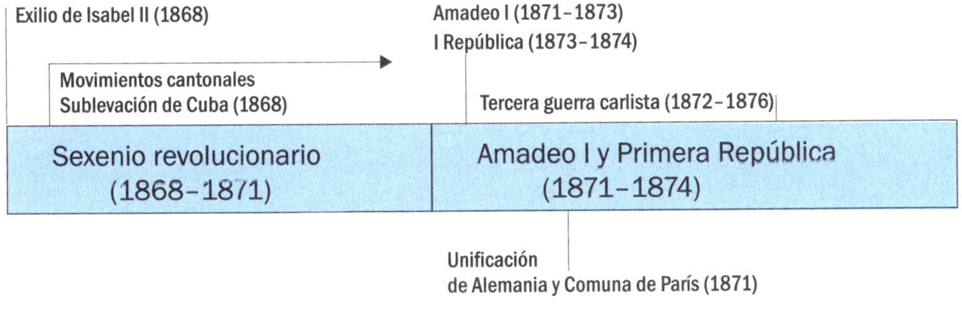

63 el golpe de estado: Putsch

Para recordar:
- La revolución de 1868 obligó a la Reina a exiliarse.
- Las Juntas organizaron España en cantones federales.
- Amadeo I y la Primera República fracasaron. El nuevo rey fue Alfonso XII de Borbón.

Para saber más:
Página divulgativa del movimiento republicano español:
http:/www.asturiasrepublicana.com

De la Restauración a la Dictadura de Primo de Rivera (1875–1930)

Empieza la Restauración: Alfonso XII (1875-1885)

Con la redacción de una nueva Constitución (1876), de tono conciliador y moderado, comenzó la etapa de la Restauración, que se basó en un sistema de turno de partidos. Su arquitecto fue Cánovas del Castillo, el primer presidente. Amplios sectores políticos y la Iglesia aceptaron el nuevo régimen. Por otra parte, después de la última guerra carlista, Cánovas abolió los fueros vascos, pero a cambio instauró el concierto económico vasco (1878), un sistema de autonomía fiscal todavía vigente.

Nueva política: hoy por ti, mañana por mí

El turno de partidos se hacía mediante elecciones, pero estas siempre se manipulaban para que saliera el gobierno que tocaba. La manipulación electoral era posible gracias a los caciques, autoridades locales que dominaban la política local. La implantación definitiva del sufragio universal masculino (1890) no cambió mucho este sistema, aunque la manipulación electoral fue cada vez menos eficaz a medida que las ciudades crecían y se fundaban nuevas formaciones políticas (principios del siglo XX).

La Constitución del 1876 volvió a unir Iglesia y Estado. Para la Universidad, eso significaba que los catedráticos tenían que enseñar según la doctrina católica. Un grupo de catedráticos de Madrid, encabezado por Francisco Giner de los Ríos, abandonó entonces la Universidad y fundó la Institución Libre de Enseñanza (ILE), desde la que se promovió la renovación pedagógica para todas las etapas educativas. Instauraron la coeducación de niños y niñas y una enseñanza personalizada y activa. Con el tiempo, la influencia del ILE fue creciendo. En 1907 el gobierno creó la Junta de Ampliación de Estudios para promover el intercambio científico en Europa. Ramón y Cajal, Premio Nobel de Medicina (1906), fue uno de sus directores. Y la Residencia de Estudiantes de Madrid (1910) reunió hasta 1936 a la flor y nata de la intelectualidad española: Unamuno, Machado, Juan Ramón Jiménez (Premio Nobel de Literatura, 1956), Buñuel, Dalí, Lorca, Alberti, Pedro Salinas, Manuel de Falla, Severo Ochoa (Premio Nobel de Medicina, 1959), y un largo etc.

Regencia de María Cristina de Habsburgo (1885–1902)

Alfonso XII murió con tan sólo 28 años. Durante la regencia de María Cristina de Habsburgo, la economía despegó definitivamente. La red ferroviaria se duplicó, lo que hizo posible la creación de un mercado nacional, y el País Vasco llegó a ser el primer exportador de hierro de Europa. Era la época de la Segunda Revolución Industrial, con un sinfín[64] de inventos científicos. Durante la celebración de la Exposición Universal en Barcelona (1888) los asombrados visitantes pudieron contemplar el nuevo invento de Edison: la bombilla.

"La fiebre del oro": el capitalismo triunfante

El PSOE y el movimiento sindical

La expansión industrial del siglo XIX tuvo no obstante su precio: la protesta de los obreros. En el año 1879 Pablo Iglesias, trabajador de una imprenta, fundó el Partido Socialista Obrero Español (PSOE). En 1888 se creó su sindicato, la Unión General de Trabajadores (UGT). Otro movimiento obrero, el anarcosindicalista, fue en España mucho más importante que en el resto de Europa. La Confederación Nacional del Trabajo (CNT), fundada en 1910, será su sindicato principal. Además de reivindicar mejoras laborales, los sindicatos suplieron la ausencia del Estado creando mutuas[65] y fomentando campañas educativas.

Los obreros se organizan

La crisis del 1898...

La primera gran crisis de la Restauración fue provocada por la pérdida de las últimas colonias. En el año 1895 había empezado una nueva sublevación cubana, pero esta vez Estados Unidos, potencia mundial emergente, intervino. En 1898 el acorazado norteamericano *Maine*, anclado[66] en la Habana, sufrió una explosión. La opinión pública norteamericana exigió responsabilidades y el Congreso norteamericano declaró la guerra a España. La derrota española fue absoluta. Por el Tratado de París de 1898 España cedió a los Estados Unidos Puerto Rico y Filipinas y concedió la independencia a Cuba.

Cuba, Puerto Rico y Filipinas

...y el regeneracionismo

La pérdida de las últimas colonias, precisamente cuando el resto de Europa se estaba repartiendo África (Conferencia de Berlín, 1884–1885), provocó en España una fuerte crisis. Políticos e intelectuales se preguntaron por las causas del aislamiento político y cultural de España, y plantearon propuestas para su regeneración, es decir modernización. La política de los gobiernos entre 1907 y 1917 se hizo eco de este debate,

"España sin pulso" (Francisco Silvela)

---

64 el sinfín: Unmenge

65 la mutua: Berufsgenossenschaft

66 estar anclado: vor Anker liegen

con medidas para mejorar las condiciones laborales y de intervencionismo económico para proteger la industria nacional.

Alfonso XIII y la debilidad de los turnos (1902–1913)

Pero a pesar de las mejoras, el régimen de turnos de la Restauración no estaba preparado para afrontar dos nuevos retos, cada vez más apremiantes[67]: Marruecos y los movimientos nacionalistas. En el marco de la expansión en África, España obtuvo la zona norte de Marruecos con el acuerdo de Algeciras (1906), que se convirtió en un protectorado a partir de 1912.

La *Setmana Tràgica*...

Sin embargo, los habitantes del norte de Marruecos se resistieron a la colonización. En España, esta guerra tampoco fue popular. En el año 1909 el gobierno quiso enviar desde Barcelona un contingente de reservistas, la mayoría hombres pobres y padres de familia. La reacción popular no se hizo esperar: durante una semana, Barcelona se convirtió en un campo de batalla con la quema de unos sesenta edificios y unos cien muertos.

...y los dos Ejércitos

La guerra de Marruecos provocó por otro lado la división paulatina del Ejército entre el peninsular y el de África. Los oficiales que servían en la guerra de Marruecos eran ascendidos más rápidamente que los peninsulares. Por ejemplo, el futuro dictador Franco se convirtió en el general más joven de Europa con tan sólo 33 años gracias a sus servicios en Marruecos (1926).

De regionalismos a movimientos políticos

La *Renaixença* catalana y el *Rexurdimento* gallego

El segundo reto al que se enfrentó el régimen fueron las reivindicaciones de autonomía desde Galicia, el País Vasco y Cataluña, que cuestionaban los dos centralismos oficiales, el estatal y el ideológico. El centralismo ideológico había equiparado[68] España a Castilla y a lo castellano. Además, desde la segunda mitad del siglo XIX, en Galicia y en Cataluña empezó a recuperarse la propia identidad cultural. Se volvió a escribir en gallego y en catalán, primero literatura y luego cada vez más en la prensa y en libros de divulgación.

La *Lliga Regionalista*

Dos regionalismos evolucionaron hacia el nacionalismo a finales del siglo XIX: el catalán y el vasco. Además de reinvindicar sus raíces, los dos respondieron a la creciente industrialización del País Vasco y Cataluña. La primera organización política del catalanismo fue la *Lliga Catalanista* (1901). Este primer catalanismo se organizó en torno a la burguesía y para defender la economía catalana.

Sabino Arana y el PNV

El nacionalismo vasco lo impulsó Sabino Arana, de ideología reaccionaria y racista. Defendía los valores de la vida rural, la única que se

67 apremiante: dringend
68 equiparar: angleichen

consideraba vasca. Arana fundó en 1895 el Partido Nacionalista Vasco (PNV), impulsó el estudio del vasco, inventó el nombre de Euzkadi para el País Vasco y diseñó la bandera vasca, la *ikurriña*.

Entre la prosperidad y la crisis (1914–1923)

La Gran Guerra (1914–1918)

En verano de 1914 estalló la Primera Guerra Mundial, durante la que España se mantuvo neutral. Los primeros años de la guerra mundial fueron muy beneficiosos para la economía española: la demanda externa aumentó, y por primera vez la balanza comercial fue excedente[69]. Sin embargo, el aumento de la exportación causó escasez de productos dentro del país y los precios aumentaron. Los principales afectados, como siempre, fueron los trabajadores. En 1917 estalló una gran crisis interna.

El callejón sin salida del régimen: 1917 y 1921

Por una parte, el ejército peninsular se organizó en Juntas de Defensa para pedir la abolición de los privilegios del ejército africano. El movimiento obrero, por otra parte, convocó una huelga en 1917 impresionado por los acontecimientos en Rusia. Y cuando en 1921 el ejército español sufrió una derrota humillante en Annual, Marruecos, se responsabilizó al propio rey de estos hechos. El régimen se salvó de momento gracias al golpe de estado del general Primo de Rivera (1923).

La dictadura de Primo de Rivera (1923–1930)

El general Primo de Rivera fue bien acogido en un primer momento. En toda Europa se estaban extendiendo los gobiernos autoritarios y la ideología fascista. Pero aunque Primo de Rivera formó su primer gobierno exclusivamente con militares (El Directorio Militar), no era de ideología fascista. Alfonso XIII, no obstante, justificó[70] su apoyo a Primo de Rivera llamándole *mi Mussolini*.

Los primeros éxitos...

Primo de Rivera pacificó Marruecos con la ayuda de Francia e inició una política de obras públicas, con la construcción de carreteras y de viviendas públicas. Además, se crearon monopolios estatales, como por ejemplo Telefónica (1924) o el Patronato Nacional de Turismo (1928). Por otro lado, el Ministerio de Trabajo creó un sistema corporativo entre sindicatos y empresarios que permitieron mejorar las condiciones laborales.

...y los primeros tropiezos

Pero en política Primo de Rivera no tuvo tanto éxito. Por una parte, promovió la vuelta al centralismo ideológico. Por primera vez en la historia, el catalán fue prohibido en actos públicos. Por otra parte, persiguió el movimiento anarcosindicalista, aunque no ilegalizó ni la CNT ni el recién fundado Partido Comunista (1919). Esta política represiva provocó la radicalización de los movimientos nacionalistas, que fundaron dos nuevos partidos (1931): el Partido Galegista de Galicia y Esquerra Republicana de Cataluña (ERC).

---

69 excedente: überschüssig

70 justificar: rechtfertigen

Los intelectuales se rebelan

Cuando a partir de 1926 Primo de Rivera quiso institucionalizar la dictadura, la oposición fue cada vez más abierta. Además, el rey se había comprometido demasiado con la dictadura. La crítica al dictador era al mismo tiempo crítica al rey y al sistema monárquico. La oposición se articuló entonces a través de un grupo de intelectuales muy influyentes, como el filósofo Ortega y Gasset y el médico e historiador Gregorio Marañón. Otros incluso llegarían a participar activamente en la política, como Manuel Azaña, escritor y ensayista.

La dimisión y el exilio

Unas elecciones municipales que son un voto contra la monarquía

Ante la masiva protesta contra el régimen, Primo de Rivera dimitió en 1930. Mientras el rey seguía nombrando militares para sus gobiernos, los opositores se reunieron y formaron un comité revolucionario mediante el Pacto de San Sebastián. El último gobierno de Alfonso XIII accedió a convocar unas tímidas elecciones solamente a nivel municipal (12 de abril de 1931). Pero todo el mundo sabía que lo que en realidad estaba en juego era la propia monarquía. Dos días más tarde, se proclamó la Segunda República. Alfonso XIII ya estaba de camino a su exilio en Italia.

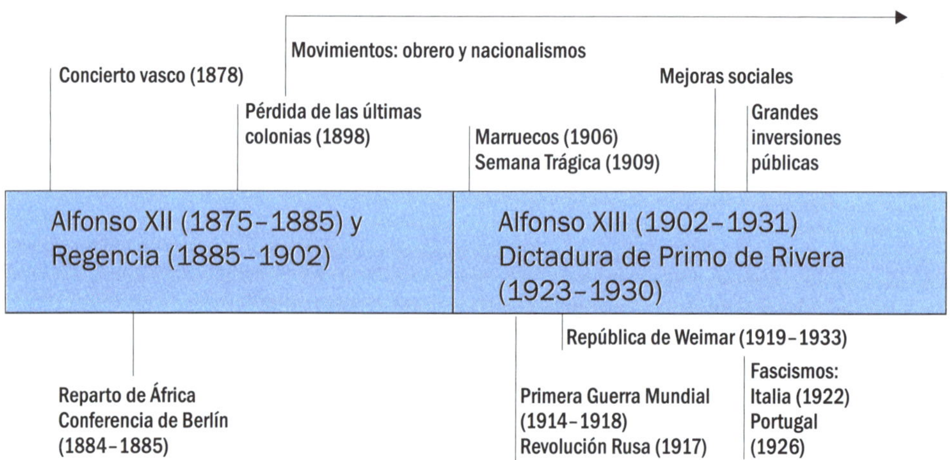

Para recordar:

- El sistema de turnos permitió la paz social a costa de una auténtica democracia.
- La Restauración se ve desbordada por el nuevo papel del ejército, la nueva fuerza obrera y a las reivindicaciones de autonomía de las regiones históricas.
- La dictadura de Primo de Rivera no resolvió la demanda de reformas profundas.

📖 **Para saber más:**
Portal *Biblioteca Virtual Miguel de Cervantes, Alfonso XIII:*
http://bib.cervantesvirtual.com/historia/monarquia/alfonso13.shtml

Cronología del siglo XIX: http://www.asmadrid.org/spanish/historia/sxix0.htm

Webquest *Revolución industrial e industrialización*:
http://encina.pntic.mec.es/~cgonza37/miWebQuest/WQRevIndustrial.htm

Bernecker, Walther L.: Sozialgeschichte Spaniens im 19. und 20. Jahrhundert. Suhrkamp.

Ejercicios

1. ¿Lo has entendido? Elige la continuación correcta de cada frase.

a. El reinado de Isabel II estuvo dominado por los liberales moderados. ❐
los carlistas. ❐
los liberales progresistas. ❐

b. La política liberal del siglo XIX benefició a los trabajadores. ❐
a la burguesía capitalista. ❐
al ejército. ❐

c. La revolución del Sexenio Democrático fue una reacción
al papel del ejército. ❐
a la revuelta de Cuba en 1868. ❐
a la política conservadora de los liberales. ❐

c. La guerra de Marruecos
condicionó la política española a principios del siglo XX. ❐
causó el auge de los nacionalismos. ❐
fue aceptada por toda la sociedad. ❐

2. Texto. Escribe una redacción sobre uno de estos temas.

1. El liberalismo europeo en el siglo XIX y sus características en España.
2. El movimiento obrero en Europa y sus características en España.
3. Los movimientos nacionalistas en el siglo XIX y las características de los nacionalismos españoles.

3. Debate. En pequeños grupos o toda la clase.

¿Por qué creéis que surgieron movimientos nacionalistas en España? ¿Por qué prohibió Primo de Rivera el uso del catalán en actos públicos? ¿Qué motivos tenía? ¿Qué consecuencias tuvo esta política represiva?

Antes de debatir, preparad el debate y escribid posibles argumentos.

4. Proyecto. En grupos, preparad un trabajo por escrito o como exposición oral sobre uno de estos temas.

1. El desarrollo económico e industrial de España a partir de la segunda mitad del siglo XIX.
2. La crisis de 1898 y el regeneracionismo. La generación del 98 en la literatura española.
3. Francisco Giner de los Ríos y la Institución Libre de Enseñanza. Influencia en la intelectualidad española hasta los años 30 del siglo XX.

José Ortega y Gasset

6. Tensiones políticas, dictadura y democracia: de la Segunda República a la España actual

En este capítulo vamos a aprender:

- La llegada de la Segunda República y su evolución política
- Las causas de la Guerra Civil y la larga dictadura franquista
- La democracia y la incorporación de España a la comunidad internacional

Los gobernantes de la Segunda República aspiraron a hacer de España un Estado laico, democrático y moderno. Pero las dificultades fueron tanto internas como internacionales. La rápida extensión de los fascismos en Europa y del comunismo internacional pusieron en peligro las democracias liberales. En España, todas estas tensiones desencadenaron la Guerra Civil. Junto con el Estado Novo portugués, la dictadura de Franco fue la última que quedó después de la II Guerra Mundial, y a partir de entonces el régimen franquista se fue adaptando a la coyuntura internacional. Aunque Franco quiso perpetuar el régimen, a su muerte este se desmoronó. El Rey Juan Carlos y Adolfo Suárez arbitraron el consenso político que hizo posible la transición hacia la democracia actual.

La Segunda República (1931–1936)

Dos días después de las elecciones municipales (12 de abril de 1931), se formó un gobierno de coalición entre republicanos, socialistas y catalanistas. El gran impulsor de las reformas que emprendió el nuevo gobierno fue Manuel Azaña. Además de la redacción de una nueva Constitución, aprobada el mismo 1931, el nuevo gobierno se propuso actuar en cinco grandes ámbitos: en las relaciones entre Ejército y Estado, en el papel de la Iglesia, en la enseñanza pública, en las reivindicaciones regionales y finalmente en la reforma agraria.

España se acuesta monárquica y se levanta republicana

Durante la redacción de la Constitución de 1931, el debate sobre los derechos de la mujer también giró en torno al derecho al voto femenino. Se dio el caso curioso de que las derechas estaban a favor del voto femenino mientras que las izquierdas lo rechazaban. Victoria Kent y Margarita Nelken, diputadas socialistas, argumentaban que la mujer española seguía siendo demasiado conservadora y dependiente de la Iglesia católica, y que su voto solamente beneficiaría a las derechas. Sin embargo, finalmente se aprobó el voto femenino, gracias sobre todo a la defensa de la diputada del Partido Radical Clara Campoamor. Los temores de la izquierda se demostraron equivocados porque hubo muchas mujeres que se pusieron de lado de la República.

Primera...

Desde el Ministerio de la Guerra, Manuel Azaña quiso democratizar el Ejército renovando sus mandos[71]. Les ofreció una jubilación anticipada y cerró tres de las cinco academias militares existentes. Estas medidas, sin embargo, causaron una radicalización del Ejército hacia tendencias de derechas. Ya en el año 1932 el general Sanjurjo intentó un primer golpe de Estado, que fracasó. Sanjurjo fue indultado[72] pero se sublevará otra vez desde su exilio en Portugal en 1936.

Los militares

Segunda y tercera...

Con la nueva escuela, laica y mixta, el Estado pretendió erradicar el analfabetismo, de un 50% según las zonas, y educar al pueblo en la democracia. Pero de esta manera el Estado se enfrentó a la Iglesia, porque la expulsó de la docencia. Además, se aprobó el matrimonio civil y el divorcio; y se limitó el culto católico. La neutralidad inicial de la Iglesia al principio de la República se fue convirtiendo en hostilidad[73] abierta.

La enseñanza y la religión

Cuarta...

En el sur de España había unos dos millones de jornaleros sin tierra, y muchos latifundios sin explotar. El gobierno quería darles esas tierras, y para ello se ideó un sistema de expropiaciones[74] que causó el rechazo frontal de los propietarios. Por eso y por una falta de financiación adecuada, la situación en el campo no mejoró. Exasperados, los jornaleros ocuparon tierras, mientras que los propietarios se distanciaron de una República que no velaba por sus intereses.

La reforma agraria

...y quinta:

La Constitución de 1931 abrió la posibilidad de descentralizar el Estado. El Estatuto de Cataluña fue el primero en aprobarse (1932). Con el Estatuto, Cataluña obtuvo un autogobierno, la *Generalitat*, con competencias legales y jurídicas. El País Vasco, Galicia, Aragón, Andalucía y Valencia empezaron la tramitación de sus proyectos, pero solo el de Galicia y el del País Vasco se aprobaron, en junio y octubre de 1936 respectivamente.

Los Estatutos de Autonomía

A pesar de todos estos avances, la magnitud de las reformas y la falta de tiempo hicieron imposible la labor del Gobierno, que se vio cada vez más aislado entre las derechas y las izquierdas más radicales. Para la derecha, la República suponía una amenaza para sus intereses y fomentaba los "separatismos" vasco y catalán. Para los anarquistas y comunistas, las reformas eran demasiado lentas.

Muchas reformas en tan poco tiempo

71 el mando: (hier) militärischer Befehlshaber
72 indultar: begnadigen
73 la hostilidad: Feindseligkeit
74 la expropiación: Enteignung

El Bienio negro (noviembre 1933 – febrero 1936)

En el año 1933, el Gobierno se vio desbordado por las actuaciones de los anarquistas y acosado continuamente por una derecha cada vez más fuerte. En efecto, en 1933 la derecha se organizó fundando el partido CEDA (Confederación Española de Derechas Autónomas), liderado por Gil Robles. Además, José Antonio Primo de Rivera, hijo del general Primo de Rivera, fundó en octubre un partido de ideología fascista, la Falange Española. En 1933 llegan al poder las diferentes variantes del fascismo europeo en Alemania, Austria y Portugal. Los fascistas españoles no querían ser menos.

Entra en escena el fascismo español

En noviembre de 1933 se celebraron nuevas elecciones. Por primera vez en la historia, las mujeres pudieron votar. La CEDA salió vencedora, sobre todo porque las izquierdas se presentaron por separado y los anarquistas se abstuvieron[75]. Sin embargo, el Presidente Alcalá Zamora no permitió a Gil Robles que gobernara y pidió a Alejandro Lerroux, republicano de centro, que formara gobierno.

Gana la CEDA pero gobierna Lerroux

El nuevo gobierno revisó las reformas anteriores y paró la reforma agraria. Mientras tanto, Gil Robles presionaba para entrar en el gobierno, algo que las izquierdas no podían aceptar. Cuando en octubre de 1934 entraron tres ministros de la CEDA en un nuevo gobierno, estalló una insurrección obrera en todo el país, pero sobre todo en Asturias, donde se proclamó el estado de guerra[76]. El ejército, encabezado por el general Franco, tuvo que reprimir la insurrección.

La Revolución de Octubre...

España en peligro

El mismo octubre el presidente de la *Generalitat* de Cataluña, Lluís Companys, proclamó un Estado Catalán independiente, que no duró más de un día. El presidente Companys fue encarcelado y se suspendió temporalmente el Estatuto catalán. Los incidentes en Asturias y Cataluña terminaron de convencer al ejército y a las derechas de la necesidad de "salvar" a España de los comunistas por un lado y de los "separatistas" por otro.

...y el *Estat Català*

La victoria del Frente Popular (febrero 1936)

La inestabilidad política era tan grande que se celebraron nuevas elecciones en febrero de 1936. Esta vez, comunistas, socialistas e incluso anarquistas se unieron bajo un Frente Popular para cerrar el paso a las derechas. Ganó el Frente Popular por un margen muy pequeño. Mientras el Ejército maquinaba el asalto a la República, la agitación política fue en aumento entre febrero y julio: huelgas generales, quemas de iglesias, y militarización de las Juventudes de la Falange y del PSOE.

---

75 abstenerse (de votar): sich der Stimme enthalten

76 el estado de guerra: Kriegszustand

Gobierno de coalición (1931)

Bienio Reformista (1931-1933)

Bienio Negro (1933-1936)

Frente Popular (1936)

Segunda República (1931-1936)

1933:
Nazismo en Alemania
Dictadura de Dollfuß (Austria)
Estado Novo en Portugal

1935: Invasión italiana de Abisinia (Etiopía)

Para recordar:

- La Segunda República se proclama como consecuencia del vacío de poder que provoca la abdicación del rey.
- A causa de los problemas estructurales de España y del injusto reparto de la riqueza, la República no alcanza nunca la estabilidad política.

Para saber más:

Portal *Historiasiglo20*: http://www.historiasiglo20.org/HE/13.htm

Historia de Casas Viejas (hoy Benalup). El campo y la reforma agraria: http://www.juntadeandalucia.es/averroes/iescasasviejas/interlatierra/lareformaagraria.pdf

La Barraca, teatro universitario fundado por García Lorca (Misiones Pedagógicas): www.higuerasarte.com/la-barraca.htm

La Guerra Civil (1936–1939)

El golpe militar del ejército se produjo de manera muy rápida y coordinada entre los generales Mola en Pamplona, Sanjurjo desde Portugal y Franco en las Islas Canarias. El 17 de julio el ejército ocupó Melilla y Ceuta, mientras que el general Mola controlaba Pamplona. El general Franco asumió el mando de Marruecos al día siguiente. Así, el día 21 de julio los golpistas controlaban el norte del país, Castilla y algunas ciudades de Andalucía. El resto del país, sin embargo, no secundó[77] la sublevación militar, porque una parte del ejército y las ciudades grandes permanecieron fieles a la República.

El golpe fracasa

Las dos Españas se enfrentan

Aunque la superioridad militar de los sublevados era evidente, la República mantuvo el control de las zonas industriales y los centros financieros en un primer momento. Además, los sindicatos organizaron inmediatamente milicias para movilizar a la población civil, incluidas las mujeres. Pero la división se cobró[78] un precio altísimo con los "paseos". Grupos armados iban a las casas y se llevaban a los enemigos para matarlos. En el bando republicano, se asesinaron a curas y a gente de la derecha. En el bando sublevado el caso más triste si cabe[79] fue el asesinato del poeta García Lorca (agosto de 1936).

Asesinato del poeta García Lorca

El desarrollo de la Guerra Civil

El ejército de Marruecos, más profesional y mejor equipado, se trasladó a la península con la ayuda alemana e italiana. Para llegar lo más posible a Madrid, el ejército de Franco avanzó hacia el norte por Extremadura. Pero las milicias frenaron el avance de los "nacionales", como ellos se llamaban, y Franco desvió entonces sus ataques hacia Asturias. Y mientras Franco es nombrado Jefe del Gobierno y Generalísimo de los Ejércitos (septiembre 1936), el Gobierno republicano parte a Valencia (noviembre 1936).

"¡No pasarán!" (*La Pasionaria* habla a Madrid)

Entre marzo y octubre de 1937 el ejército "nacional" se apoderó del norte de España. Al mismo tiempo, Franco obliga a todas las fuerzas políticas que le apoyan (falangistas, monárquicos, carlistas, etc.) a unirse en un partido único, que más tarde se llamará Movimiento Nacional. En contraste, la zona republicana está más dividida que nunca entre los socialistas, los anarquistas y los comunistas. Los comunistas se hacen fuertes en el Gobierno, porque la República solamente recibe ayuda de la Unión Soviética. Esta ayuda, sin embargo, la aislará todavía más políticamente.

Cae el norte

---

77 secundar: helfen, unterstützen

78 cobrarse: (hier) fordern

79 si cabe: vielleicht

El fin de esta guerra incivil se acelera en 1938. El ejército de Franco llega al mar Mediterráneo en abril. De esta manera la zona republicana fue partida en dos. Con la esperanza de una nueva guerra europea, el gobierno republicano quiso alargar la guerra, e inició la última ofensiva republicana con la batalla del Ebro en Tarragona (julio – noviembre de 1938). Una vez más, sin embargo, la República pierde y Franco se proclama vencedor el 1 de abril de 1939.

El principio del fin

La Guerra Civil como acontecimiento internacional

La Guerra Civil española tuvo un componente ideológico muy importante desde el principio. En España, Europa se jugaba el futuro de la democracia. Para evitar el enfrentamiento directo con el fascismo, Francia e Inglaterra se mantuvieron neutrales y promovieron el **Pacto de no Intervención**. Este pacto perjudicó enormemente a la República, que se vio obligada a depender de la ayuda de la **Unión Soviética.** Otra ayuda solidaria fueron las Brigadas Internacionales, batallones de voluntarios de unos 60 países promovidos por el comunismo internacional en otoño de 1936, pero que fueron retirados en 1938.

La República, abandonada a su suerte

En contraste a la pasividad de las democracias europeas, Alemania, Italia y Portugal rompieron el Pacto de no Intervención abiertamente apoyando el bando sublevado con hombres y material bélico. Italia mandó 80.000 soldados, y Alemania probó su nueva aviación, con los primeros bombardeos a ciudades y técnicas de guerra relámpago. El bombardeo más conocido es el de Guernica en el País Vasco (1937). En definitiva, el abandono de la República no ayudó a evitar una guerra mundial. Solamente la aplazó unos años.

Nazis y fascistas ayudan a Franco

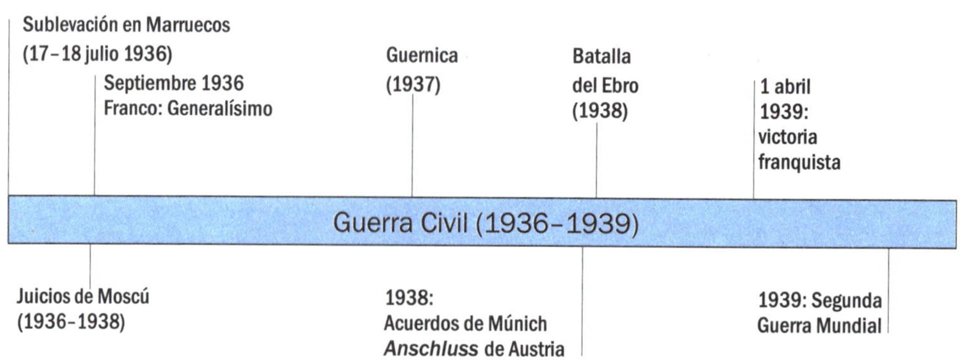

Para recordar:

- El golpe militar se convierte en guerra porque la mitad de España apoya a la República.
- La guerra española se convierte rápidamente en un conflicto internacional por su gran componente ideológico.
- En la Guerra Civil se enfrentan las dos Españas antagónicas: la pobre y progresista y la rica y conservadora.

Para saber más:

Portales sobre la Guerra Civil:
www.guerracivil.org
www.historiasiglo20.org/HE/14.htm

Bernecker, W. L.: Krieg in Spanien (1936–1939) Wissenschaftliche Buchgesellschaft, 2005.

La dictadura de Franco (1939–1975)

La España perseguida

El fin de la Guerra Civil obligó a medio millón de españoles a exiliarse. Su destino fue muy diverso. Muchos intelectuales se refugiaron en México, aliado de la República. Otros emigraron a Francia y ahí lucharon con la resistencia francesa o bien fueron deportados a campos de concentración nazis, como por ejemplo Jorge Semprún (1923–2011). Su familia, republicana, se refugió en 1936 en Francia al estallar la Guerra Civil. Durante la ocupación alemana de Francia luchó como partisano en la Resistencia francesa. En 1943 fue detenido y deportado a Buchenwald. Era escritor y vivía en París. En España, ya durante la Guerra Civil y hasta los años 60 el régimen franquista construyó más de cien campos de concetración para excombatientes republicanos, disidentes políticos e incluso homosexuales. Eran sobre todo campos de trabajo forzado y de reeducación patriótica y católica. Entre las obras que construyeron estos presos destaca el Valle de los Caídos, cerca de Madrid. Además, hubo encarcelamientos masivos y ejecuciones[80] sumarias en toda España. El nuevo régimen quería una ruptura total con la España republicana.

El régimen totalitario (1939–1950)

La primera etapa

Las bases del nuevo régimen fueron un catolicismo a ultranza, el ejército, y el fascismo, representado por el partido único. Se mitificó el pasado de la historia de España y se prohibieron las lenguas regionales. Además, se anularon todos los derechos cívicos adquiridos durante la Segunda República. En el plano internacional, los primeros años del franquismo coincidieron con las victorias del **Eje** en la II Guerra Mundial. A pesar de

80 la ejecución: (hier) Hinrichtung

que el país estaba arruinado, Franco estuvo a punto de entrar en la guerra, y se entrevistó para ello con Hitler y Mussolini (1940 y 1941), sin resultados definitivos.

Al finalizar la II Guerra Mundial, España se vio aislada internacionalmente. No fue aceptada como miembro de la Organización de las Naciones Unidas (ONU), fundada en 1945. También se la excluyó del Plan Marshall. El régimen reaccionó interviniendo en la economía y reforzando su ideología. Se implantó la cartilla de racionamiento[81] de alimentos, medida que hizo florecer el mercado negro, y se impusieron las más estrictas costumbres católicas. Eso hizo aumentar las devociones, pero muchos españoles tuvieron que adaptarse.

Los años del hambre y de devoción popular

La guerra fría y el reconocimiento internacional (1951–1959)

La situación política internacional y la situación geográfica de España permitieron estabilizar el régimen. Los Estados Unidos otorgaron créditos a España en 1953 a cambio de poder asentar bases militares en territorio español. Además, España ingresó en las Naciones Unidas en 1955. Pero aunque se eliminaron los símbolos y la retórica fascistas, los republicanos en el exilio perdieron definitivamente las esperanzas de poder restablecer la República.

La segunda etapa: cambio de tono pero no de fondo

El despegue económico (1959–1973)

Como las medidas económicas intervencionistas no pudieron mejorar la situación económica del país, en 1959 Franco cambió su equipo de gobierno con hombres de formación económica, los "tecnócratas". Los Planes de Estabilización y de Desarrollo que pusieron en marcha a partir de 1959 hicieron de España la décima potencia industrial mundial hasta principios de los años 70. En efecto, el país se industrializó y las infraestructuras mejoraron.

La tercera etapa

Pero este desarrollo económico generó dos grandes oleadas de migraciones: una interna hacia las grandes ciudades, sobre todo al País Vasco, Cataluña y Madrid, y otra hacia Francia, Bélgica o Alemania. Estos emigrantes mandaban divisas a España gracias a su trabajo. Se formó así una nueva clase media[82] consumista, mientras que del norte de Europa empezaban a entrar los primeros turistas y los aires de la revolución del 68. Por todo eso aumentaron las protestas sociales al mismo tiempo que la oposición política, todavía clandestina, empezaba a organizarse.

Las consecuencias inesperadas de las reformas económicas

Otro tipo de protesta contra el régimen fue canalizado por los nacionalismos. En el País Vasco, un grupo de jóvenes universitarios se escindió[83] del PNV en 1959 a causa de su ideología marxista-leninista. Se

ETA, la banda terrorista

81 la cartilla de racionamiento: Lebensmittelkarte

82 la clase media: Mittelschicht

83 escindirse: (hier) sich abspalten

llamaron *Euskadi ta askatasuna* (Euskadi y libertad) con la intención de formarse como un movimiento revolucionario vasco de liberación nacional. Cometieron su primer atentado en 1968, y, junto con la IRA irlandesa, ETA ha practicado el terrorismo más activo de Europa durante casi cuarenta años.

> Para impulsar la economía española, en el año 1941 se fundó el Instituto Nacional de Industria (INI). El INI nacionalizó algunas empresas de importancia estratégica como RENFE (compañía ferroviaria) o Iberia, compañía de transporte aéreo. El INI también creó nuevas empresas para el desarrollo industrial como SEAT en la construcción de automóviles, Endesa en el sector energético o en la construcción naval (Bazán). Con la entrada en el Mercado Común (1986) empezó una oleada de privatizaciones: SEAT (comprado por Volkswagen), Telefónica, Endesa, Iberia , y otras muchas. Actualmente, quedan muy pocas empresas estatales. Correos y Aena, que gestiona los aeropuertos, son dos ejemplos. Y RENFE perdió su monopolio en 2005.

Los dos últimos años (1973–1975)

El ocaso del general, y con él, del régimen

En el año 1973, el general Franco separó por primera vez las funciones de Jefe de Estado y Jefe de Gobierno, que desde 1939 habían recaído en él. Franco ya tenía 81 años pero quería preservar el régimen. Había nombrado al príncipe Juan Carlos, nieto de Alfonso XIII, como futuro sucesor en la jefatura del Estado (1969), y con el nuevo Jefe de Gobierno, el almirante Carrero Blanco, la continuidad parecía asegurada. Pero no fue así. En primer lugar, Carrero Blanco fue asesinado por ETA en diciembre de 1973. En segundo lugar, el régimen perdía legitimidad a marchas forzadas ante una sociedad que ya empezaba a ser mayor de edad.[84]

En efecto, todos los sectores de la sociedad incrementaron sus protestas: los intelectuales, los estudiantes, y los sindicatos y partidos clandestinos. Incluso la Iglesia empezó a distanciarse de él. Desde la celebración del Concilio Vaticano II, convocado por el papa Juan XXIII (1962–1965), un sector de la Iglesia no quiso verse más identificado con el régimen. En el País Vasco y Cataluña, además, la Iglesia se solidarizó con las reinvindicaciones nacionalistas.

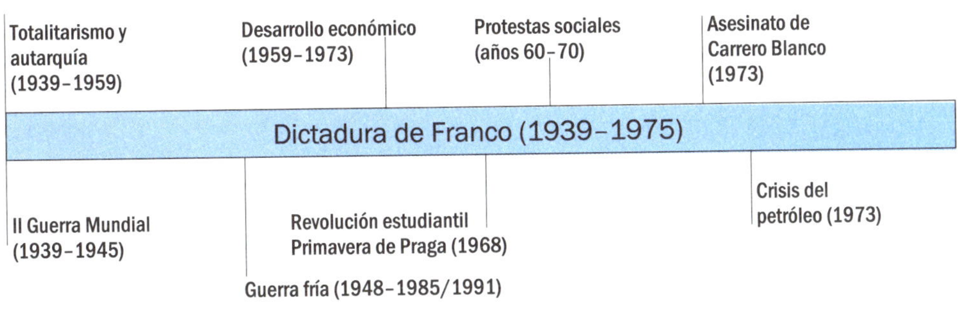

84 mayor de edad: volljährig

Para recordar:

- La dictadura franquista constituye el período más negro de la historia moderna de España.
- La sociedad pide cada vez más libertades políticas y el reconocimiento de las diferencias regionales.

Para saber más:

Asociación para la Recuperación de la Memoria Histórica: http://www.memoriahistorica.org.es

Biblioteca del Exilio: http://bib.cervantesvirtual.com/portal/Exilio/

Fundación Nacional Francisco Franco: www.fnff.org

Los campos de concentración franquistas: www.riomon.com

Lalana Lac, F.: La larga noche del franquismo. Schmetterling Verlag, 2000.

Transición[85] y democracia (1975–2006)

Empieza la Transición (1975–1978)

Dos días después de la muerte de Franco (noviembre de 1975), Juan Carlos fue nombrado Rey de España. Pronto se perfilaron tres tendencias: el sector más conservador, el *búnker*, los reformistas y los rupturistas. Entre todos se llegó a un consenso para llevar a cabo una reforma del régimen sin brusquedad[86]. En medio de los tres sectores estuvo siempre el rey, que además de impulsar el cambio garantizó la continuidad del Estado durante todo el proceso.

Adolfo Suárez, la sorpresa

La transformación del régimen empezó de verdad cuando el rey nombró en 1976 a Adolfo Suárez como jefe de gobierno, entonces un político desconocido. Suárez decretó la amnistía de presos políticos y empezó a entrevistarse con los líderes de la oposición clandestina. El factor decisivo, sin embargo, fue la aprobación por las Cortes franquistas de la Ley de Reforma Política. Esta ley abría la posibilidad de la redacción de una nueva Constitución y la celebración de elecciones para un futuro parlamento democrático.

Las primeras elecciones democráticas en España desde 1936 se convocaron para junio de 1977. Pero antes había que legalizar los partidos de la oposición. Gracias a los contactos que había mantenido desde el gobierno, Suárez consiguió que la oposición aceptara la monarquía. Así, en la primavera de 1977 se legalizaron el Partido Socialista Obrero Español (PSOE) y el Partido Comunista (PC). Desde las fuerzas franquistas se formaron la Alianza Popular (AP), precursora del actual Partido Popular (PP), y la Unión de Centro Democrático (UCD), encabezada por Suárez.

---

85 la transición: Übergang

86 la brusquedad: Unvermittelheit, Schroffheit

La Constitución de 1978

La Constitución de 1978 recuperó los derechos cívicos (igualdad ante la ley y de sexos, derecho de reunión y de asociación, etc.) y declaró al Estado aconfesional[87]. España se organiza en Comunidades Autónomas a las que se les reconoce un cierto grado de competencias. Las nacionalidades históricas (Galicia, el País Vasco y Cataluña) fueron las primeras Comunidades Autónomas en formarse y redactar sus respectivos Estatutos de Autonomía.

El Estado de las Autonomías

El último escollo

A pesar de los avances conseguidos, una parte del Ejército veía con recelo las transformaciones políticas. El 23 de febrero de 1981, el coronel Tejero intentó un golpe militar entrando en el Congreso de los Diputados. El rey Juan Carlos, sin embargo, condenó esta acción de forma contundente como Jefe de las Fuerzas Armadas[88] y del Estado. El golpe tuvo el efecto contrario al esperado: el apoyo a la democracia todavía fue mayor.

"¡Todos al suelo!" Tejero secuestra el Congreso de los Diputados

La democracia: el turno democrático

Después de superar este intento de golpe de estado, empezó la etapa democrática que todavía perdura en la actualidad. En las elecciones de 1982 salió vencedor el PSOE con una clara mayoría parlamentaria. Durante sus catorce años en el gobierno España vivió cambios profundos pero beneficiosos para todo el país.

Los años socialistas (1982–1996)

La economía y...

El gran reto con el que se enfrentó el primer gobierno socialista bajo Felipe González fue la economía. En primer lugar, se impulsaron las privatizaciones de empresas estatales sobre todo en la construcción naval y en la siderurgia. Si bien estas medidas provocaron unas drásticas reducciones de plantillas[89] y el enfrentamiento abierto con los sindicatos, favorecieron el saneamiento del presupuesto público. En segundo lugar, se expandió el estado de bienestar[90], con el aumento de la sanidad pública y de las prestaciones de la Seguridad Social.

...el Mercado Común

El hecho más relevante de la etapa socialista fue la integración en la Comunidad Económica Europea (CEE) en 1986. Gracias a los Fondos de Cohesión (para todo el país) y a los Fondos Estructurales (para regiones

"España es el problema, Europa la solución" (Ortega y Gasset)

87 aconfesional: konfessionslos
88 las Fuerzas Armadas: Armee
89 la plantilla: (hier) Belegschaft
90 el estado de bienestar: Wohlfahrtsstaat

determinadas), las infraestructuras fueron modernizadas y el empleo[91] aumentó. Además, la entrada en la CEE permitió alcanzar también una vieja aspiración histórica: la integración en Europa y la superación de las divisiones ideológicas del país.

Entrada a la CEE en 1986

El gran año: 1992

Un segundo gran hito de esta etapa fueron las celebraciones que tuvieron lugar en 1992. Fueron cinco: los Juegos Olímpicos de Barcelona, la Exposición Universal de Sevilla, la proclamación de Madrid como capital cultural europea y la celebración de la segunda Cumbre Iberoamericana en Madrid, y con ella, del Quinto Centenario del descubrimiento de América. Ese año, España no paró de celebrar acontecimientos.

El turno conservador

Los gobiernos de Aznar (1996-2004)

Hacia el final de la era socialista, el PSOE sufrió un gran desgaste y fue sacudido por una serie de escándalos de corrupción. En las elecciones de 1996 ganó el Partido Popular (PP), liderado por José María Aznar. Aunque muchos asociaban al PP con el franquismo, su elección fue un signo de normalidad. Durante la primera legislatura, el gobierno de Aznar consiguió cumplir los criterios del Tratado de Maastricht (1992) con una liberalización económica muy eficaz, y España se adscribió al euro en 1998.

José María Aznar, presidente del gobierno (1996–2004)

Durante la segunda legislatura (2000–2004) el crecimiento económico siguió siendo constante y por encima de la media europea. Pero a partir de 2002 el gobierno de Aznar fue distanciándose de la sociedad. Con su mayoría absoluta radicalizó su rechazo a las reivindicaciones nacionalistas, mientras que la gestión del desastre ecológico del petrolero *Prestige* ante las costas de Galicia fue muy criticada por tardía e ineficaz. Por otro lado, el apoyo de Aznar a la guerra de Irak (2003) creó muchísima controversia y no fue aceptada por la mayoría de la sociedad.

ETA, nacionalismos, *Prestige* e Irak

91 el empleo: Beschäftigung

El 11-M de 2004

La gota que colmó el vaso, sin embargo, fue la postura del PP ante el atentado del 11 de marzo de 2004 en Madrid. Tres días antes de unas nuevas elecciones, un grupo adherido a *Al Qaeda* colocó cuatro bombas en unos trenes de cercanías[92] que se dirigían a la estación de Atocha. Murieron 192 personas. Aunque ya el mismo día la policía sospechaba de su autoría, el gobierno culpó a ETA del atentado. Este intento de manipulación de la opinión pública provocó un rechazo general. El 14 de marzo los españoles votaron a favor del PSOE.

El gobierno de Zapatero (2004–2011) y Rajoy

El gobierno de José Luis Rodríguez Zapatero ha dado un giro tanto en política exterior como interior. Durante su primera legislatura, retiró las tropas de Irak el mismo abril de 2004, y al mismo tiempo reorientó los contactos con la Unión Europea, América Latina y Marruecos. En política interior, retomó el diálogo con los nacionalistas y ha emprendido unas reformas sociales muy ambiciosas. Aunque su política social es muy avanzada, como por ejemplo con la legalización del matrimonio entre personas del mismo sexo en 2005 o con medidas contra la violencia doméstica, queda el reto económico: la ampliación de la UE y la globalización mundial.

La segunda etapa de su mandato es marcada por una crisis económica muy grave la que lleva al deterioro de la economía nacional. Crisis económica

Desde el 21 de diciembre de 2011 Mariano Rajoy del Partido Popular es el Presidente actual de España.

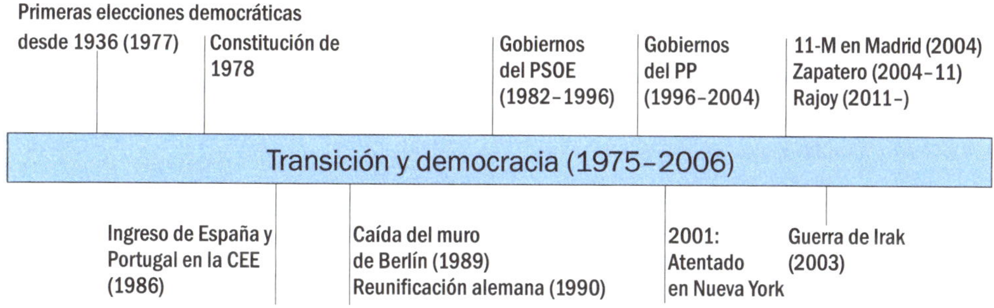

92 el tren de cercanías: Nahverkehrszug, S-Bahn

Para recordar:

- La Transición hacia la democracia fue posible gracias al consenso entre las fuerzas políticas.
- Desde su ingreso a la CEE (hoy Unión Europea), España es un país plenamente integrado en la comunidad internacional.

Para saber más:

El País: Temas "A fondo":
Memoria gráfica del siglo XX: www.elpais.es/especiales/2006/mirada/
ETA: http://www.elpais.com/especial/eta/
El 11-M, un año después: www.elpais.com/comunes/2005/11m

Lalana Lac, F.: Componentes del nacionalismo catalán. Schmetterling Verlag, 2003.
El País Vasco. Schmetterling Verlag, 2013.

Ejercicios

1. ¿Lo has entendido? ¿Quién hizo qué? Ordena las personas con los hechos históricos.

Manuel Azaña	... dirigió la transición hacia la democracia después de la muerte de Franco.
Gil Robles	... impulsó varias reformas desde el primer gobierno de la Segunda República.
Franco	... fue el primer presidente a partir de los años ochenta del siglo XX.
La República	... no fue apoyada por las democracias europeas durante la Guerra Civil.
El franquismo	... encabezó a las derechas españolas durante la Segunda República.
Adolfo Suárez	... evolucionó siguiendo la coyuntura internacional.
Felipe González	... fue nombrado Generalísimo en septiembre de 1936.

2. Texto. Escribe una redacción sobre uno de estos temas.

1. La influencia de los movimientos comunistas y socialistas y de los fascismos europeos en la política española durante la República y la Guerra Civil.
2. El papel de la guerra fría para la estabilidad del régimen franquista.
3. Evolución de la transición y consecuencias de la integración de España en la CEE en 1986.

3. Debate. En pequeños grupos o toda la clase.

¿Cuáles son las causas del terrorismo de ETA? ¿Creéis que el movimiento de ETA tiene legitimidad en el mundo actual?

Antes de debatir, preparad el debate y escribid posibles argumentos.

4. Proyecto. En grupos, preparad un trabajo por escrito o como exposición oral sobre uno de estos temas.

1. Las reformas emprendidas entre 1931 y 1933. Causas de su fracaso en algunas de ellas.
2. Causas de la Guerra Civil y su repercusión internacional.
3. Represión franquista y destino de los españoles exiliados.
4. Últimos años del régimen franquista y causas de la transición pacífica hacia la democracia.

Franco y Eisenhower, 1959, Madrid

7. España hoy

En este capítulo vamos a aprender:
- El Estado y sus principales estructuras
- La economía española
- La cultura y la sociedad españolas

Este capítulo ofrece una visión panorámica sobre la España actual. Al final del capítulo hay una breve bibliografía electrónica para ampliar la información ofrecida.

El Estado Español

La estructura político-administrativa

La Constitución y la Corona

Por la Constitución actual de 1978, España es una monarquía parlamentaria. El Jefe del Estado es el Rey, actualmente Don Juan Carlos I. El Rey es también el jefe de las Fuerzas Armadas. Las competencias del Rey son representativas y están reguladas por la Constitución.

Los tres poderes: ejecutivo, legislativo y judicial

La Constitución regula la separación de poderes entre el Ejecutivo, el Legislativo y el Poder Judicial. El Ejecutivo está representado por el Gobierno, elegido por representación popular cada cuatro años y formado por el Presidente del Gobierno y el Consejo de Ministros. El Poder Legislativo español es bicameral, con el Congreso de los Diputados y el Senado, cámara de representación territorial. El Senado puede vetar o corregir los proyectos del Congreso. El Poder Judicial está formado por el Tribunal Supremo, la Audiencia Nacional y el Tribunal Constitucional, los máximos tribunales.

CONGRESO DE LOS DIPUTADOS	SENADO
350 diputados	**266 senadores**
elegidos proporcionalmente	**208 (4 por provincia elegidos directamente) y 58 por Parlamentos Regionales**

Las Fuerzas Armadas

Las Fuerzas Armadas están compuestas por la Armada o Marina, el Ejército de Tierra y el Ejército del Aire. Pertenecen al Ministerio de Defensa y fueron profesionalizadas en 2002. El gran rechazo social contra el servicio militar obligatorio, la *mili*, y la necesidad de modernizarlas para las nuevas tareas en misiones internacionales y de ayuda humanitaria fueron las dos razones principales para su profesionalización.

Los cuerpos de policía españoles

La Policía Nacional y la Guardia Civil dependen del Ministerio del Interior. La Guardia Civil depende además del Ministerio de Defensa por ser un cuerpo de naturaleza militar. La Policía Nacional actúa en el interior del país, mientras que la Guardia Civil se encarga fundamentalmente de la defensa de las fronteras. Tres Comunidades Autónomas han sustituído la Guardia Civil por una policía autonómica propia: el País Vasco con la Ertzaintza, Cataluña con los Mossos d'Esquadra y Navarra con la Policía Foral.

El Estado de las Autonomías

Las CCAA

La Constitución de 1978 reconoce tanto la unidad de España como el derecho a obtener competencias autonómicas para las regiones, las Comunidades Autónomas (CCAA). La Constitución diferenció entre dos tipos de CCAA: las regiones y las nacionalidades. De esta manera se hacía referencia a las regiones que durante la Segunda República obtuvieron un

España
Provincias y
Comunidades Autónomas

Estatuto (Cataluña y el País Vasco) o redactaron un proyecto de Estatuto (Galicia). En total existen 17 CCAA, más dos ciudades autónomas, Ceuta y Melilla.
Todas las Comunidades Autónomas tienen un Presidente, un Gobierno y un Parlamento. Su grado de competencias está regulado por sus respectivos Estatutos de Autonomía. Los primeros Estatutos se redactaron entre 1979 y 1983. Pero el proceso autonómico sigue abierto. El proyecto de reforma más radical fue el Plan Ibarretxe para el País Vasco, rechazado en 2005 por el Congreso de los Diputados. En junio de 2006 se aprobaron los de Valencia y Cataluña y se continuó con la revisión de los restantes.

El proceso autonómico

La estructura de España está a medio camino entre el federalismo y el centralismo. Por una parte, las CCAA tienen un grado diferente de competencias. Por otra parte, existen dos modelos diferentes de financiación: el régimen común y el foral. El País Vasco y Navarra gozan del régimen foral, con el que negocian periódicamente cuánto aportan al Estado a través del llamado concierto económico. Las demás CCAA están financiadas por el régimen común y todas aportan al Estado más de la mitad de su IRPF.[93]

Estructura asimétrica del Estado español

Partidos políticos

Los tres partidos de ámbito nacional más importantes son el Partido Socialista Obrero Español (PSOE), de ideología socialista y de izquierdas, el Partido Popular (PP), de ideología conservadora; e Izquierda Unida, coalición de partidos en la que se incorporó el Partido Comunista en 1989.

Los tres partidos de ámbito nacional

Además de estos tres partidos, existe una larga lista de partidos de ámbito regional. En Cataluña los más importantes son *Convergència i Unió* (CiU), de ideología catalanista democristiana[94] y *Esquerra Republicana de Catalunya* (ERC). ERC defiende la independencia para Cataluña, las Baleares, Valencia y el Rosellón francés, que forman parte de los llamados *Països Catalans*, que englobarían a todos los territorios de habla catalana.

Los partidos catalanes

En el País Vasco el partido más importante es el Partido Nacionalista Vasco (EAJ-PNV). El PNV gobierna el País Vasco desde 1980, en solitario o en coalición, y actualmente es de ideología centrista e independentista. Defiende la autodeterminación del País Vasco a través de una "libre asociación" con España. Esta es la propuesta principal del Plan Ibarretxe. El Plan está abierto a Navarra y a las provincias vascas francesas. Según el nacionalismo vasco más radical, el País Vasco, Navarra y las provincias vascas francesas (llamadas *Iparralde*) forman parte del *Euskal Herría* (Pueblo Vasco).

El PNV y Euskal Herría

---

93 IRPF: Impuesto sobre el Rendimiento de las Personas Físicas. Einkommensteuer.
94 democristiano/a: christlich-demokratisch

Otros partidos de ámbito regional son el Bloque Nacionalista Galego (BNG), Coalición Canaria, Chunta Aragonesista (Unión Aragonesista), Nafarroa Bai (Na-Bai, Navarra Sí), entre otros. Además de CiU, ERC y el PNV todos estos partidos políticos tienen representación parlamentaria en el Congreso de los Diputados. Su presencia es a veces necesaria para apoyar al Gobierno.

La Seguridad Social

La Seguridad Social española es un conjunto de organismos públicos que pertenecen al Ministerio de Trabajo y de Asuntos Sociales. La Seguridad Social recauda las cotizaciones para el seguro de desempleo, el seguro por enfermedad y el seguro de pensiones en una sola cuota, que los trabajadores pagan a través de su IRPF. Todos los trabajadores, empleados, autónomos y funcionarios, cotizan en función de sus ingresos. Las empresas también contribuyen a través de los sueldos de sus empleados. La cotización media es de un 20% del IRPF. Esta cuota es una de las más bajas de Europa.

El sistema sanitario está financiado por la Seguridad Social y ofrece cobertura a toda la población aunque no esté dada de alta y no cotice. Aunque las CCAA tienen competencia en sanidad, la Seguridad Social coordina los ingresos y el historial médico de los pacientes. La Seguridad Social también gestiona otras prestaciones como las pensiones por viudedad o invalidez. Las prestaciones por desempleo están gestionadas por el INEM (Instituto de Empleo), que también ofrece formación a trabajadores. La tasa de desempleo de 2012 es de un 24% mientras que la media europea es de un 11% según la oficina europea de estadísticas Eurostat.

Sanidad e INEM

Los sindicatos y la CEOE

Los sindicatos españoles más importantes son la Unión General de Trabajadores (UGT) y Comisiones Obreras (CCOO). Los empresarios están asociados en la Confederación Española de Organizaciones Empresariales (CEOE).

El Gobierno negocia anualmente con los sindicatos y la CEOE el Salario Mínimo Interprofesional (SMI), que se calcula en base al Índice de Precios al Consumo (IPC). Los empresarios no pueden pagar una cantidad inferior a este salario. Para el año 2012, el SMI se fijó en 748,30 euros al mes. El salario mínimo español es el más bajo de todos los países europeos que lo tienen.

El SMI

El sistema educativo

Desde la última reforma educativa de los años 90, esta es la estructura del sistema educativo español:

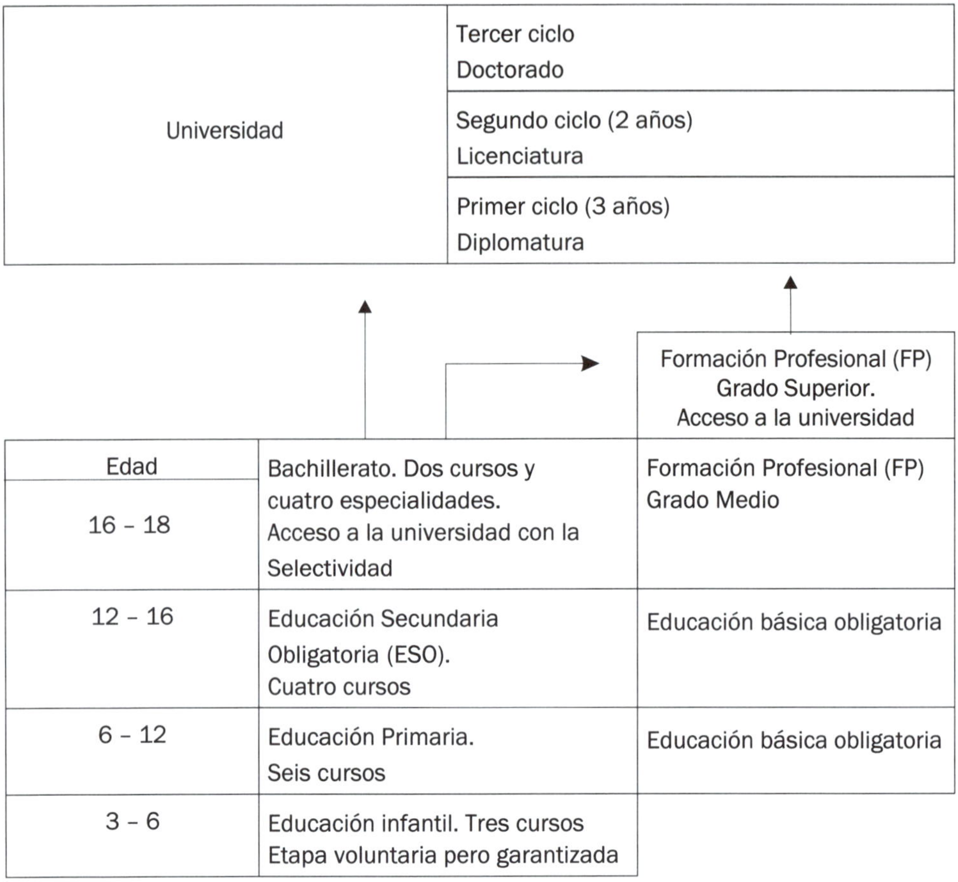

Universidad	
	Tercer ciclo Doctorado
	Segundo ciclo (2 años) Licenciatura
	Primer ciclo (3 años) Diplomatura

		Formación Profesional (FP) Grado Superior. Acceso a la universidad
Edad		
16 - 18	Bachillerato. Dos cursos y cuatro especialidades. Acceso a la universidad con la Selectividad	Formación Profesional (FP) Grado Medio
12 - 16	Educación Secundaria Obligatoria (ESO). Cuatro cursos	Educación básica obligatoria
6 - 12	Educación Primaria. Seis cursos	Educación básica obligatoria
3 - 6	Educación infantil. Tres cursos Etapa voluntaria pero garantizada	

El horario escolar

El horario escolar es de 9 a 12 o 13 de la mañana y de 15 a 17 de la tarde desde la Educación Infantil hasta la Primaria. A mediodía las escuelas ofrecen servicio de comedor y actividades extraescolares. A partir de la ESO el horario es intensivo, de 9 a 15 de la tarde, más una o dos tardes de clase durante la semana.

Problemas y cambios

El gran problema del sistema educativo español es su deficiente financiación y su baja calidad. En los diferentes estudios PISA que se han llevado a cabo desde 2000, los resultados de España siempre han estado por debajo de la media. En el ámbito universitario, las universidades españolas se están adaptando al proceso de Bolonia, cuya meta es equiparar todos los sistemas universitarios europeos.

El CSIC

Otro gran reto de la educación española es la inversión en Investigación y Desarrollo (I+D) en la investigación científica. España invierte menos en educación que la media de la Unión Europea. La investigación científica tiene lugar principalmente en las universidades y en el Consejo Superior de Investigaciones Científicas (CSIC).

La economía

El sector público

Desde la integración a la Unión Europea, los diferentes gobiernos españoles siguieron una política económica neoliberal de privatizaciones de empresas públicas. La última gran oleada se dio durante los gobiernos de José María Aznar, del PP (1996–2004). Entre otras, se privatizaron Iberia, Repsol (hoy Repsol-YPF), Telefónica, Endesa, etc. Todavía quedan algunas empresas públicas como Correos o RTVE, la radio y televisión pública.

Un sector que sigue siendo público es el transporte ferroviario. Con la ayuda de la Unión Europea, España está actualizando su transporte ferroviario con los dos trenes de alta velocidad. El Euromed circula entre Barcelona y Alicante. El AVE (Alta Velocidad Española) inauguró su primera línea entre Madrid y Sevilla en 1992. Actualmente, se están construyendo más rutas para conectar España con Portugal y Francia con el AVE, gracias al Proyecto Europeo para el Tren de Gran Velocidad 2010 – 2020.

Los trenes de alta velocidad

El sector primario: agricultura, ramadería y pesca

El sector primario sólo supone el 3% del Producto Interior Bruto (PIB) y da ocupación al 8% de la población. Gracias a la participación en la Política Agraria Comunitaria (PAC) desde 1986, la producción agrícola se ha tecnificado y ha aumentado su productividad. En la actualidad gran parte de la producción se dirige a la exportación.

La PAC, factor decisivo

España es el primer productor mundial de aceite de oliva. La producción de frutas y hortalizas supone la mitad del total. Otra producción importante y en expansión es la del vino y el cava. La ganadería tiene menos peso económico y ha sido profundamente regulada por la PAC, sobre todo las cuotas de leche. En cuanto a la pesca, también está fuertemente regulada por la política pesquera común, y está en crisis porque la flota pesquera española, sobre todo la gallega, es excesiva.

Uno de los grandes retos para el sector primario español está en el nuevo plan agrario comunitario, que inició una retirada progresiva de las ayudas en 2008. Pero el mayor reto radica en la necesidad de desarrollar una agricultura más respetuosa con el medio ambiente. El caso de los invernaderos[95] de la costa de Almería es un buen ejemplo de ello. La llamada "huerta de Europa", un verdadero mar de plásticos, ha significado un milagro económico para la zona pero a un gran coste medioambiental y social. Los invernaderos de Almería consumen grandes recursos naturales, entre ellos los acuíferos[96], expulsan toneladas de residuos al año y ge-

Los nuevos retos

95 el invernadero: Gewächshaus

96 el acuífero: Grundwasservorkommen

neran un empleo muy precario, sobre todo dirigido a inmigrantes no regularizados. Por eso desde las administraciones se están impulsando proyectos para regular este sector, aunque muy lentamente.

El sector secundario

El sector secundario de la economía abarca desde la industria pesada, la química, la construcción, hasta la producción automovilística y textil. La producción española se caracteriza en primer lugar por su gran concentración en el norte de España, Madrid y Valencia; y en segundo lugar por el gran predominio de las Pequeñas y Medianas Empresas (PYMEs), con un 99% del tejido industrial total.

Concentración y PYMEs

El sector secundario español depende tanto de las inversiones extranjeras, sobre todo en la industria automovilística y química, como de las inversiones públicas en I+D+i (Inversión, desarrollo e innovación). Desde 2000 el Estado fomenta la creación de Parques Tecnológicos para intensivar la inversión tecnológica.

Empresas españolas conocidas en el sector secundario son por ejemplo SEAT, que pertenece al grupo Volkswagen, El Grupo ACS, empresa de construcción, EADS-CASA, empresa aeronáutica que participa en la construcción del Airbus, o bien el grupo Inditex, al que pertenece la cadena Zara, y Camper.

Algunas empresas importantes

El sector servicios

Los servicios son el sector de más peso económico: sus acciones suponen el 70% del PIB y ocupan al 65% de la población activa. Las actividades económicas más importantes en este sector son el turismo, las finanzas, las industrias culturales y la industria de la construcción. Además, España es uno de los ocho mayores inversores internacionales, sobre todo hacia la Unión Europea y a Hispanoamérica.

España es el segundo destino mundial de turismo internacional después de Francia, y el tercero en ingresos por turismo. La industria turística se concentra en la costa mediterránea y en las Islas Canarias y ofrece poco más que sol y playa en grandes complejos turísticos. Este modelo, sin embargo, se está agotando, sobre todo porque estas zonas siguen padeciendo una gran saturación y especulación urbanística que ha destruido buena parte del litoral. Por eso el sector está desarrollando ofertas turísticas culturales y deportivas diferentes, como por ejemplo el Camino de Santiago. Una nueva tendencia de la oferta turística, sin embargo, sigue sin respetar los recursos naturales de España: los campos de golf, fomentados por los intereses de la industria de la construcción.

El turismo y la industria de la construcción

El sector bancario español se reparte entre los bancos y las cajas de ahorros. Los bancos son entidades financieras privadas, mientras que las cajas actúan sin ánimo de lucro y además invierten una parte de sus beneficios en obras sociales y culturales. Los bancos más importantes son el

El sector bancario

BSCH (Banco Santander Central Hispano), el cuarto banco europeo, y el BBVA (Banco Bilbao Vizcaya Argentaria). De entre las cajas destacan La Caixa y Caja Madrid.

Las industrias culturales abarcan todo el sector editorial y los medios de comunicación: prensa, televisión, radio e internet. Gigantes editoriales son el Grupo Santillana o el Grupo Planeta. En prensa destacan el Grupo Zeta y el Grupo Prisa, al que pertenece el periódico El País o la radio Cadena Ser, y en televisión privada el líder es Sogecable, con Canal + y Cuatro.

Las industrias culturales

Por último, los ingresos medios de los españoles son unos de los más bajos de Europa. Según el Instituto Nacional de Estadística (INE), los ingresos medios anuales en 2011 fueron de unos 22.500 euros. Pero hay una gran diferencia entre las Comunidades Autónomas. Las que tienen mayores ingresos son el País Vasco (26.100 euros), Madrid, Cataluña y Navarra. En comparación, los ingresos medios en Alemania fueron de unos 41.000 euros según el Instituto de Estadística Alemán. Pero tanto en España como en Alemania existen grandes diferencias en función de las profesiones, el sexo del trabajador y el lugar de residencia.

¿Qué ganan los españoles?

La cultura

Lenguas

España es un país plurilingüe. El español es la lengua oficial para toda España. Tres lenguas más son también oficiales en sus respectivas CCAA. En Galicia se habla el gallego *(galego)*, una lengua románica cercana al portugués pero del que se separó durante la Edad Media. El catalán *(català)*, otra lengua románica, se habla en Cataluña, Valencia y las Islas Baleares. Por motivos políticos en Valencia se prefiere hablar del valenciano. El vasco *(euskara)* es la lengua más antigua de Europa. Es hablado en el País Vasco y en el norte de Navarra. Además, el aranés, dialecto del occitano, se habla en el Valle de Arán (Cataluña), el bable se habla en Asturias y la fabla aragonesa en los valles del Pirineo aragonés.

Las lenguas españolas

Durante la época franquista la única lengua oficial fue el español para la vida pública, la enseñanza y los medios de comunicación. En los años 80 los diferentes gobiernos autonómicos desarrollaron diferentes programas de enseñanza de las lenguas autonómicas y crearon televisiones y radios públicas como Euskal Telebista en el País Vasco o TV3 en Cataluña. Estas políticas han hecho aumentar su prestigio y su uso, pero también se han criticado por excesivas. Sin embargo, el español no está en absoluto en peligro como lengua común del Estado y gracias a su gran proyección como lengua internacional.

Políticas lingüísticas

La cultura y las fiestas

La música y danza española más conocida es sin duda el flamenco. Se cree que el flamenco fue creado por los gitanos a partir del siglo XIV, siglo en el que entraron en España. Es el baile popular de Andalucía pero su difusión ha superado lo regional gracias a figuras internacionales como Joaquín Cortés y a nuevos estilos de fusión. Otro baile popular muy extendido es la jota. La más conocida es la aragonesa. La muñeira gallega y asturiana tiene orígenes celtas, y las danzas de palos y espadas se bailan en Castilla y León, el País Vasco y Cataluña. Otro baile típico catalán es la sardana, mientras que el chotis es el baile madrileño por antonomasia.

Un poco más que flamenco

Las fiestas de carácter popular coinciden con fiestas tradicionalmente religiosas. Entre las más conocidas están las procesiones de Semana Santa de Castilla y Andalucía, las Fallas de Valencia o los Sanfermines de Pamplona. Las fiestas de moros y cristianos, que se celebran por toda la costa de la Comunidad Valenciana, tienen carácter histórico. Fiestas de ámbito nacional son, además de Semana Santa, el 15 de agosto, el 1 de noviembre, el 8 de diciembre y las Navidades, que duran hasta el día 6 de enero. Fiestas nacionales de carácter civil son el 1 de mayo, el 12 de octubre (Día de la Hispanidad) y el 6 de diciembre, día en que se votó la Constitución (1978).

Fiestas religiosas y civiles

La cultura contemporánea

La cultura española contemporánea abarca desde la literatura, el cine, el teatro, el arte, la arquitectura hasta el diseño. El premio literario más importante es el Cervantes, que se da por una obra literaria completa. Los óscares españoles para el cine son los premios Goya. En arquitectura destacan Moneo, Calatrava y Bofill. Y el arte contemporáneo se da cita cada año en la feria madrileña Arco.

La sociedad

Inmigración

La sociedad española ha pasado en pocas décadas de ser una sociedad de emigrantes (hacia Hispanoamérica y Europa en el siglo XX) a ser una sociedad receptora de inmigrantes, y de nuevo de emigrantes a causa de la actual crisis económica en España.

La cifra de extranjeros sigue siendo pequeña (2 millones frente a los 7 en Francia o los 9 en Alemania), pero el fenómeno es tan reciente que ha creado un gran impacto en la sociedad española.

Casi la mitad de los extranjeros, sin embargo, son europeos. Los europeos no tienen problemas de integración porque gozan de los derechos de residencia y de trabajo comunitarios. Por eso el verdadero problema se ve en la inmigración llamada "sin papeles", cuyo origen es muy variado: Hispanoamérica, este de Europa, África y Asia. Los "sin papeles" trabajan sobre todo en empleos temporales (agricultura y construcción) o no legalizados (servicio doméstico).

Los "sin papeles"

El gran problema con la inmigración ilegal que tiene actualmente España es la entrada masiva de africanos por mar, a bordo de pateras[97] o cayucos. Las rutas por el Estrecho de Gibraltar o por Ceuta y Melilla están hoy en día tan vigiladas que las nuevas rutas parten desde Mauritania o el Senegal hacia las Islas Canarias. Estas largas rutas están controladas por mafias locales, y los inmigrantes pagan grandes cantidades de dinero para arriesgar sus vidas hacinados dentro de barcas insolubres y sin comida ni agua.

El fenómeno no sólo afecta a España, sino a toda la Unión Europea porque el destino de muchos de estos inmigrantes no es solamente España, sino Europa. Sin embargo, la llegada de pateras está disminuyendo últimamente. En 2006 habían entrado 39.180 inmigrantes en pateras, en 2010 ya sólo fueron 3.632.

La última legislación de extranjería española, sin embargo, es una de las más avanzadas de Europa. En 2005 se regularizaron más de medio millón de extranjeros que llevaban trabajando medio año gracias a una ley extraordinaria.

El motivo principal del gobierno fue legalizar la gran tasa de trabajo negro e ilegal que realizan los inmigrantes no europeos, tanto en la agricultura como en el sector de servicios de las grandes ciudades para que tanto trabajadores como empresarios cotizaran en la Seguridad Social. Esta medida ha sido muy criticada en Europa, seguramente porque todavía no se tiene claro que integración sin trabajo legal es una quimera.

El trabajo de los extranjeros

La nueva familia

La familia española sigue siendo muy valorada como institución pero ha sufrido un gran cambio. Cada vez hay menos familias nucleares (padres casados con sus hijos), y aumentan sin cesar otros tipos de familias o de convivencia: las familias monoparentales, las familias reconstituidas (con hijos procedentes de uniones anteriores) y las parejas de hecho, sean heterosexuales u homosexuales, con o sin hijos. Desde 2005 las parejas homosexuales pueden casarse y adoptar hijos.

La gran variedad de los grupos familiares

Otro cambio que ha sufrido la familia española es la bajada de la natalidad. Italia y España son los países con la tasa de natalidad[98] más baja de Europa. El descenso de la natalidad se debe básicamente a la incorpora-

Baja natalidad

97 la patera: kleines Holzboot

98 la tasa de natalidad: Geburtenrate

ción de la mujer al mercado laboral, debida a su vez a su mayor nivel de estudios. Sin embargo, la sociedad todavía no ha asumido plenamente este cambio: las mujeres siguen llevando prácticamente solas la responsabilidad familiar y no reciben suficiente ayuda ni en la empresa, ni del estado e incluso de su pareja.

Las religiones

España sigue teniendo una imagen de país católico. En los últimos treinta años, sin embargo, la situación ha cambiado mucho. Si bien es verdad que la gran mayoría de la población está bautizada y sigue los ritos católicos más importantes (confirmación, boda, entierro, etc.), estos son más bien actos sociales y familiares. Además, su importancia varía entre la ciudad y el campo. El porcentaje de católicos practicantes no llega al 30% de la población total.

Una herencia más duradera que ha dado el catolicismo a España es su presencia en el lenguaje de la vida cotidiana. Cuando alguien estornuda se suele decir "¡Jesús!". Expresiones como "Esto va a misa" (algo es indiscutiblemente verdadero), "No saber de la misa la mitad" (no saber mucho de un tema), "Hacer algo como Dios manda" (hacer algo bien, con exactitud) o "A la buena de Dios" (sin preparación, improvisando) son claras muestras de la larga tradición católica de España.

Diversidad de religiones

Además del catolicismo existen en España comunidades de protestantes, judíos, musulmanes, budistas y de otras religiones. La religión que más crece es la musulmana, tanto por la inmigración como por las conversiones. Las mezquitas más grandes están en Madrid, en Valencia, en Barcelona y en Granada. En Andalucía, además, existen importantes centros de estudios islámicos, como la Universidad Islámica Averroes de Córdoba.

España, ¿estado aconfesional?

A pesar de la diversidad de religiones y del estatus oficialmente aconfesional del Estado Español, la verdad es que este apoya más a la Iglesia Católica que al resto de religiones. Solamente la Iglesia Católica recibe un tanto por ciento de las aportaciones voluntarias de los ciudadanos españoles de su IRPF. Además, por el Concordato con el Vaticano de 1979 el Estado Español mantiene los edificios de culto católicos y paga el sueldo de los profesores de religión. En total el Estado aporta a la Iglesia Católica unos 5.000 millones de euros anuales, mientras que para las demás religiones solo aporta unos 3.000 conjuntamente.

Vivienda y jóvenes

Comprar, no alquilar

La tradición de comprar una vivienda en vez de vivir en alquiler está muy arraigada en España. España y Grecia son los dos países europeos con más vivienda en propiedad: alrededor del 80%. Además, las últimas leyes favorecen a los propietarios, de manera que a muchos les resulta más rentable revender que alquilar su propiedad. Así, la escasez de viviendas en alquiler se ha convertido en un verdadero problema social, sobre todo para los jóvenes.

Además, la poca estabilidad laboral en España y sus bajos salarios impide a más de la mitad de la generación joven actual independizarse de sus padres, y muchos siguen viviendo con ellos hasta los 30 años o más. El Ministerio de Vivienda, creado en 2004, quiere invertir de nuevo en viviendas de protección oficial y poner freno a la especulación inmobiliaria.

Relaciones personales

El uso del tú (el tuteo) se ha generalizado muchísimo en los últimos años. Aunque no ha desaparecido, el trato de usted a las personas mayores o superiores ha dejado de ser la norma. Pero el uso del tuteo no significa automáticamente confianza como en otras culturas: un vendedor y un cliente, o un profesor y un alumno pueden tutearse manteniendo las distancias de cortesía. Por otra parte, el actual tuteo español ha creado una nueva diferencia intercultural entre España y los países hispanoamericanos.

¿Tú o usted?

Después de una comida en un restaurante o un bar, es muy normal que alguien del grupo invite a todos. En otra ocasión otro miembro del grupo invitará a su vez. No invitar nunca es muy descortés. Por otra parte, si el grupo decide pagar en conjunto, los miembros nunca pagan por separado. En España la cuenta se reparte y se "paga a escote". Las visitas suelen hacerse por la tarde o los fines de semana, pero nunca para desayunar. Los invitados nunca se descalzan, y si la visita es por un cumpleaños, lo cortés es abrir el regalo en el momento de recibirlo para comentarlo.

Invitaciones y visitas

Horarios

El horario español se caracteriza por ser partido. Tanto el horario laboral como el comercial se divide entre la mañana y la tarde, con una pausa a mediodía para comer. Se suele comer alrededor de las dos de la tarde. Esta pausa ha hecho extender la leyenda de la siesta. En realidad, los españoles solo "se echan la siesta" en verano, cuando tienen tiempo. Durante el año la vida moderna no da tiempo para dormir la siesta.

El mito de la siesta

La jornada partida, en realidad reciente en la historia de España, ha hecho alargar los horarios y hacerlos cada vez menos compatibles con el resto del mundo. La jornada laboral suele empezar entre las 8 y las 9 de la mañana, y rara vez termina antes de las seis de la tarde. Lo mismo ocurre con los comercios, que pueden abrir hasta las diez de la noche. Por eso uno de los debates actuales gira en torno a la necesidad de cambiar los horarios hacia la jornada intensiva.

Horarios interminables

Dos últimos retos: la ecología y el agua

A pesar de tener una de las más grandes riquezas en flora y fauna de Europa, el medio ambiente español no goza de buena salud. Un 18% del territorio español, sobre todo en el sur, corre un grave riesgo de desertización. Entre las causas destacan la deforestación y la falta de lluvias, la contaminación industrial y el aumento de la urbanización, que demanda agua por encima de las posibilidades reales. Además, durante los meses de verano los incendios forestales son una constante. Algunos son provocados y motivados por la especulación del suelo.

Para hacer frente a este serio problema, los distintos gobiernos han elaborado varios planes: trasvases de ríos, aumento de las depuradoras de aguas residuales y de las desaladoras de agua marina, y también planes de reforestación y de gestión de residuos industriales. Por otra parte, en las ciudades se está extendiendo el uso de contenedores para el reciclaje de papel, vidrio, pilas, envases, etc. La conciencia ecológica, aunque lentamente, está aumentando.

Breve selección de páginas web

El Estado Español

La Constitución de 1978: http://www.boe.es/
El Gobierno: www.la-moncloa.es
La Casa Real: www.casareal.es
El Congreso de los Diputados: www.congreso.es
El Senado: www.senado.es
PSOE: www.psoe.es
PP: www.pp.es
Izda. Unida: www.izquierda-unida.es
CiU: www.ciu.info
PNV: www.eaj-pnv.com

El Ministerio de Empleo y Seguridad Social: http://www.empleo.gob.es
UGT: www.ugt.es
CCOO: www.ccoo.es
La Seguridad Social: www.seg-social.es/inicio/
CEOE: www.ceoe.es
Ministerio de Educación y Ciencia: www.mec.es
Portal sobre universidades de España e Iberoamérica: www.universia.es

La economía

Ministerio de Industria: www.mityc.es
Sociedad Estatal de Participaciones Industriales (SEPI): www.sepi.es
Trenes de alta velocidad: www.altavelocidad.org
Portal agropecuario: www.agroinformacion.com
Turismo: www.spain.info
Cajas de Ahorro: www.ceca.es
Editoriales: www.guia-editores.org
Industria química: www.feique.org
Paradores nacionales: www.parador.es
Bancos: www.aebanca.es
Grupo Prisa:www.prisa.es

La cultura

Español: www.rae.es
Instituto Cervantes: www.cervantes.es
Gallego: www.realacademiagalega.org
Vasco: www.euskaltzaindia.net
Semana Santa: www.semana-santa.org
Sanfermines:www.sanfermin.com
Moros y cristianos: www.morosycristianos.com
Ministerio de Cultura: www.mcu.es
Bitácora literaria: www.elboomeran.com
Portales culturales: www.clubcultura.com/
Catalán: www.iec.cat // www.avl.gva.es
Aranés: www.aranes.org
Bable: www.bable.es
Fabla aragonesa: www. charrando.com
Fallas: www.fallas.com

La sociedad

Secretaría General de Inmigración y Emigración: http://extranjeros.empleo.gob.es/
Instituto de la Mujer: http://www.inmujer.gob.es
Ministerio de Vivienda: www.vivienda.es
Plataforma "Por una vivienda digna": www.viviendadigna.org
Ministerio de Agricultura, Alimentación y Medio Ambiente: http://www.magrama.gob.es/
Fundación Ecología y Desarrollo: www.ecodes.org

8. Glosario de nombres, conceptos históricos y lugares geográficos

a.C.	Antes de Cristo, vor Christus
Adriano	Hadrian, römischer Kaiser (76–138)
Al-Andalus	Al-Andalus, das muslimisch beherrschte Territorium im Mittelalter in Spanien
Amadeo de Saboya	Amadeus von Savoyen (1845–1890)
Aníbal	Hannibal, karthagischer Feldherr (247–138 v. Chr.)
Antigüedad	Antike, Epoche des Altertums im Mittelmeerraum
Antiguo Régimen	*Ancien Régime*, absolutistische Regierungsform französischer Prägung
Archiduque Carlos de Austria, el	Erzherzog Karl von Habsburg, ab 1711 Kaiser Karl VI. des Heiligen Römischen Reiches Deutscher Nation (1685–1740)
Augusto	Augustus, römischer Kaiser (63 v. Chr.–14 n. Chr.)
Bayona	Bayonne, Stadt im Südwesten Frankreichs
Borgoña	Haus Burgund, heute Region in Frankreich
Cabo de Buena Esperanza	Kap der Guten Hoffnung, Südafrika
Carlomagno	Karl der Große, König der Franken und römischer Kaiser (748–814)
Carlos I	Karl I., König von Spanien und Karl V., Kaiser des Heiligen Römischen Reiches Deutscher Nation (1500–1558)
Casa de Austria	Haus Habsburg
celtas, los	Kelten, indogermanisches Volk
Cerdeña	Sardinien, Insel im Mittelmeer, heute zu Italien gehörig
Conflent, condado de	Grafschaft Conflent, ehemaliges Gebiet der Krone Aragoniens. Heute Südfrankreich
Consejos Reales	Königliche Räte im Sinne von heutigen Ministerien im Königreich Kastilien
Concilio Vaticano II	Zweites Vatikanisches Konzil (1962–1965)
Convención (francesa)	Nationalkonvent (1792–1794) während der Französischen Revolution .
Cortes, las	mittelalterliches Parlament
Contrarreforma	Gegenreformation der Katholischen Kirche (16. Jh.)
Cristóbal Colón	Christoph Kolumbus (1451–1506)
d. C.	después de Cristo, nach Christus
Edad Media	Mittelalter
Eje, el	Achsenmächte im II. Weltkrieg
Emirato, el	Emirat, Herrschaftsform in der arabischen Welt
Enrique III de Francia	Heinrich III.von Frankreich (1551–1589)
Enrique IV de Francia	Heinrich IV. von Frankreich (1589–1610)
Enrique VIII de Inglaterra	Heinrich VIII. von England (1491–1547)

fenicios, los	Phönizier, ursprünglich ein semitisches Volk der Antike
Fernando de Austria	Ferdinand I. (1503–1564), Bruder von Kaiser Karl V. König von Böhmen und Ungarn (ab 1527) und Kaiser des Heiligen Römischen Reiches Deutscher Nation (1558–1564)
Franco Condado	Franche-Comté oder Freigrafschaft. Heute Region Frankreichs
Francisco I de Francia	Franz I. von Frankreich (1494–1547)
Gante	Gent, heute Stadt in Belgien
griegos, los	Griechen, indogermanisches Volk
Guillermo III de Orange	Wilhelm III. von Orange-Nassau (1650–1702), Statthalter der Niederlande und König von England, Schottland und Irland
Ilustración, la	die Aufklärung
Imperio Romano	Römisches Reich
indoeuropeo	indogermanisch bzw. indoeuropäisch
Isabel I de Inglaterra	Elisabeth I. von England (1533–1603)
Juan IV de Portugal	Johannes IV. von Portugal (1604–1656)
Lucano	Lucanus oder Luca, römischer Dichter (39–65)
Luis XIV de Francia	Ludwig XIV. von Frankreich (1638–1715)
Lutero	Martin Luther (1483–1546), geistiger Vater der protestantischen Reformation
Mahoma	Mohammed, Gründer des Islams (571–632)
Mar Mediterráneo	Mittelmeer
Maximiliano I	Maximilian I. von Habsburg (1459–1519)
Milesinado, el	Herzogtum Mailands (ab dem 12. Jh.)
Monarquía Austro-Húngara	Doppelmonarchie Österreich-Ungarn
Nápoles	Neapel
Nerón	Nero, römischer Kaiser (37–68)
Omeyas	Umayyaden, Dynastie von Kalifen im Mittelalter
Pacto de no Intervención	Nicht-Interventionspakt des Völkerbundes (1936) im Spanischen Bürgerkrieg
Paz de Westfalia	Westfälischer Frieden (1648), Ende des Dreißigjährigen Krieges (1618–1648)
Península Ibérica	Iberische Halbinsel
Prehistoria	Vorgeschichte
Prusia	Preußen
Quintiliano	Quintilian, römischer Rhetoriklehrer (35–96)
Renacimiento	Renaissance, kulturelle Bewegung im Europa des 14./15. Jahrhunderts
Rosellón	Roussillon, ehemaliges Gebiet der Krone Aragoniens. Heute Südfrankreich.
Sacro Imperio Romano Germánico	Heiliges Römisches Reich Deutscher Nation (962–1806)
Sebastián de Portugal	Sebastian I. von Portugal (1554–1578)
Segunda Guerra Púnica	Zweiter Punischer Krieg, zwischen Karthago und dem Römischen Reich (218–201 v. Chr.)
sefardíes, los	die Sephardim, Nachfahren der aus Spanien vertriebenen Juden (ab 1492)
Séneca	Seneca, römischer Philosoph (4 v. Chr.–65 n. Chr.)

Sicilia	Sizilien, Insel im Mittelmeer, heute zu Italien gehörig
Silesia	Schlesien
Teodosio	Theodosius I., römischer Kaiser (347–395)
Trajano	Trajan, römischer Kaiser (53–117)
Unión Soviética (URSS)	Union der Sozialistischen Sowjetrepubliken, kurz UdSSR oder Sowjetunion (1922–1991)
Víctor Manuel II	Viktor Emanuel II. (1820–1878), König von Sardinien-Piemont und ab 1861 von Italien
visigodos, los	Westgoten, germanisches Volk

9. Índice de personas, contenidos históricos y siglas

Fechas
11-M, el 75
23 de febrero de 1981, el 66

A
Acuerdo de Algeciras, el 58
Adriano 9
Al-Andalus 12–14
Alcalá Zamora. Niceto 65
Alfonso XII 55–56
Alfonso XIII 58–60
Al-Qaeda 75
Amadeo I de Saboya 55
Aníbal 8
Annual, batalla de 59
Antigüedad, la 7
Antiguo Régimen, el 47–48
AP, la 72
Aragón, Corona de 14–17
Arana, Sabino 58
Archiduque Carlos de Austria, el 36
Armada, la 25
Augusto 39
AVE, el 83
Azaña, Manuel 60
Aznar, José María 74, 83

B
Bailén, batalla de 45
Barcelona, condado de 15
Bismarck 55
BNG, el 81
Bofill 86
Brigadas Internacionales, las 68
Buñuel, Luis 56

C
Calatrava, Santiago 86
Campoamor, Clara 63
Cánovas del Castillo, Antonio 56
Carlomagno 11
Carlos I y V de Alemania 15–17, 27
Carlos II de Austria 33–37
Carlos III 39–40
Carlos IV 43–44
Carlos María Isidro de Borbón 47
Carrero Blanco, el almirante 71
Casa de Austria 21–27
Castilla, Corona de 14–16, 19, 22
CCAA, las 79–81, 85
CCOO, las 81
CEDA, la 65
CEE, la 73–74
celtas, los 7
CEOE, la 81, 91
Cervantes, el premio 86
Chunta Aragonesista, la 81
Cien Mil Hijos de San Luis, los 47
CiU 80
CNT, la 57, 59
Coalición Canaria, la 81
Companys, Lluís 65
Comuneros, los 22
Concilio Vaticano II 71
Conferencia de Berlín, la 57
Congreso de Viena, el 46
Constitución de 1812 45–47
Constitución de 1931 63–65
Constitución de 1978, la 73
Contrarreforma, la 20
Convención francesa, la 43
Córdoba, el emirato de 12
Cortés, Joaquín 86
Crisis del 1898, la 57
Colón, Cristóbal 19
Cromwell 32
Cuádruple Alianza, la 51
cultura celtíberica, la 7
Cumbre Iberoamericana, la II 74

D
Dalí, Salvador 56
de Falla, Manuel 56
Decretos de Nueva Planta, los 35
desastre del Prestige, el 74

E
Ebro, batalla del 68
Edad Media, la 7, 11
Engels, Friedrich 53
Enrique III de Francia 25
Enrique IV de Francia 25
Enrique VIII de Inglaterra 20
ERC 59, 80
ESO, la 82
Espartero, el general 52
Esquilache, marqués de 40
Estado Catalán, el 65
Estado Novo de Portugal 63
Estatutos de Autonomía, los 73, 80
ETA 74-75
Exposición Universal de Sevilla, la 74

F
Falange Española, la 65
Felipe II de Austria 23-27
Felipe III 29
Felipe IV 29-31
Felipe V de Borbón 25, 33, 34, 36
fenicios, los 7-8
Fernando de Aragón 15, 18-23
Fernando VI 39
Fernando VII 39-46
Fondos de Cohesión, los 73
Fondos Estructurales, los 73
FP, la 82
Franco 58, 63, 65-69
Frente Popular, el 65

G
García Lorca, Federico 67
Garzón, Baltasar 75
Generalitat, la 64-65
Gil Robles 65
Giner de los Ríos, Francisco 56
Godoy 43-44
González, Felipe 73
Goya, los premios 86
Granada, el reino de 7, 14, 15, 18
griegos, los 7-8
Guardia Civil, la 52, 79
Guernica, bombardeo de 68
Guerra Mundial, Primera 59
Guerra Mundial, Segunda 63, 70
Guerra Civil, la 63, 67-71
guerra de Irak, la 74
Guerra de la Independencia, la 44-46
Guerra de los Siete Años 39
Guerra de los Treinta Años 30-31
Guerra de Sucesión, la 34-36
guerra fría, la 70
Guerras Carlistas, las 38, 50-51, 55
Guillermo III de Orange 34

H
Hispania 7, 10-12
Hitler 70
Hohenzollern-Sigmaringen, Leopoldo de 55
hugonotes, los 25

I
I+D 82
I+D+i 84
íberos, los 8
Iglesias, Pablo 57
Ilustración, la 36, 39, 41
Imperio Otomano 20
Imperio Romano, el 7, 9-11
INEM, el 73
Inquisición, Tribunal de la 13, 34, 40
IPC, el 81
IRPF, el 80-81
Isabel de Castilla 15, 18
Isabel de Valois 25
Isabel I de Inglaterra 24
Isabel II 48, 50-55
Islam, el 12-13
Izquierda Unida 80

J
José I Bonaparte 45
José I, Emperador de Austria 34
Juan Carlos I 63, 72, 73, 78
Juan IV de Portugal 31
Juan XXIII 71

Juana *La Loca* 21
judíos, los 12, 13, 17, 19
Juegos Olímpicos, los 74

K – L
Kent, Victoria 63
León, reino de 14
Lepanto, Batalla de 24
Lerma, duque de 29
Lerroux, Alejandro 65
Ley de Reforma Política, la 72
Liga Católica, la 25
Lliga Catalanista, la 58
Lucano 9
Luis XIII de Francia 34
Luis XIV de Francia 33
Luis XVI de Francia 43
Lutero 22

M
Machado, Antonio 56
Mahoma 12, 13
Marañón, Gregorio 60
María Cristina de Borbón 48, 51, 52
María Cristina de Habsburgo 57
María de Borgoña 21
Marx, Karl 53
Maximiliano I 20–21
Mesta, la 15
Mola, el general 67
Moneo, Rafael 86
moriscos, los 19, 30
movimiento obrero, el 50, 53, 57
mozárabes, los 13, 14
mudéjares, los 13
muladíes, los 13
Mussolini, Benito 59, 70

N
Nafarroa-Bai (Na-Bai) 81
Napoleón 39, 43–46
Narváez, el general 52
Navarra, reino de 10, 14, 20
Nebrija, Antonio de 20
Nelken, Margarita 63
Nelson, Horacio 44
Nerón 9
Nuevas Poblaciones 44

O
Ochoa, Severo 56
Olavide, Pablo de 41
Olivares, conde-duque 30–31
Omeyas, los 12
ONU, la 70
Ortega y Gasset, José 60, 62

P
PAC, la 83
Pacto de no Intervención, el 68
Pacto de San Sebastián 60
Pactos de Familia, los 39
pagesos de remença, los 15
Partido Galegista de Galicia 59
Pavía, el general 55
Paz de Westfalia, la 31
Pérez, Antonio 25
PC, el 72
PIB, el 82–84
PISA, los estudios 82
Plan Ibarretxe, el 80
Plan Marshall, el 70
PNV, el 58–59, 80–81
Portugal, condado y reino de 14–15, 18–20, 24–35, 44
PP, el 72–75, 80, 83
Prehistoria, la 7
Prim, el general 54–55
Primera República 54–56
Primo de Rivera, Miguel 59–60, 65
Primo de Rivera, José Antonio 65
Protectorado de Marruecos 58
Provincias Unidas, las 29, 31
PSOE, el 57, 65, 72–75, 80
PYME, la 84

Q – R
Quintiliano 9
Quinto Centenario, el 74
Rajoy, Mariano 75
Ramón Jiménez, Juan 56
Ramón y Cajal, Santiago 56
Regeneracionismo, el 57
Regnum Hispaniae 11
Renacimiento, el 7, 11
Renaixença, la 58
Restauración, la 57–60

Revolución de Octubre, la 65, 98
Revolución Francesa, la 39, 43, 45, 48
Revolución Rusa, la 60
Rexurdimento, el 58
Reyes Católicos, los 14, 18–21, 25, 27
Richelieu 30, 33
Riego, Rafael 47
Rodríguez Zapatero, José Luis 75
RTVE, la 83

S
Sacro Imperio Romano Germánico 11
Salinas, Pedro 56
Sanjurjo, el general 64, 67
Santa Liga, la 24
Sebastián de Portugal 26
Segunda Guerra Púnica, la 8
Segunda República 40, 60, 63, 66
Segunda Revolución Industrial, la 57
Seguridad Social, la 73, 81, 87
Semprún, Jorge 69
Séneca 9, 10
Serrano, el general 54
Setmana Tràgica, la 56
Sexenio Revolucionario 54
SMI, el 81
Sociedades Económicas de Amigos del País, las 42
Suárez, Adolfo 63, 72

T
Taifas, reinos de 13–14
Tejero, el coronel 73
Teodosio 39
Thürriegel 41
Trafalgar, batalla de 44
Trajano 9
Tratado de los Pirineos, el 32
Tratado de Maastricht, el 74
Tratado de París, el 57
Tratado de Tordesillas, el 19
Tratado de Utrecht, el 29, 35

U
UCD, la 72
UE, la 75
UGT, la 57, 81
Unamuno 56
Unión de Armas, la 31

V
Vasco da Gama 19
Víctor Manuel II 55
visigodos, los 11
Voltaire 41

10. Tablas cronológicas

Capítulo 1

España

500.000-200.000:	ser humano de Atapuerca
S. VIII a.C.:	colonización fenicia
S. VI a.C.:	colonización celta y griega
S. VI-III a.C.:	culturas celtibéricas
S. III a.C.-S. V d.C.:	colonización romana, Hispania romana
S. III-S. V:	difusión del cristianismo, invasiones germanas
S. VI-S. VII:	reino visigodo, capital Toledo
711:	expansión del Islam hacia Hispania
S. VIII-S. XV:	Al-Andalus: emirato, califato, reinos de Taifas y Granada
S. XII-S. XV:	formación de los reinos cristianos: Portugal, Castilla, Navarra y Aragón

Resto del mundo

Edad de Piedra (hasta 2.000 a.C.)
Edad de Bronce (2.000 a.C.-800 a.C.)
Edad de Hierro (a partir de 800 a.C.)

Egipto (3.000 a.C.-S. IV d.C.) / China (a partir de 1.500 a.C.)
Grecia antigua (S. IX a.C.-S. V d.C.)
Roma (S. VIII a.C.- S. IV d.C.)

S. I:	nacimiento de Jesucristo
S. IV-V:	división del Imperio Romano, migraciones germánicas desaparición del Imperio Romano de Occidente. Bizancio (S.V-S. XV)
622:	comienzo de la era islámica
800:	coronación de Carlomagno
962:	Sacro Imperio Romano Germano
1337-1453:	Guerra de los Cien Años (Francia e Inglaterra)
1348:	Peste Negra en toda Europa

Capítulo 2

España

1476-1516:	los Reyes Católicos
1492:	conquista de Granada descubrimiento de América expulsión de los judíos Gramática Castellana de Nebrija

Resto del mundo

1453:	caída de Constantinopla, Imperio Otomano (1453-1918)
1455:	Biblia de Gutenberg

1494: Tratado de Tordesillas entre Castilla y Portugal

1515: anexión de Navarra a Castilla

1520-1522: rebelión de los Comuneros en Castilla, política imperial en Europa

S. XVI: conquista de América

1556-1598: Felipe II

1581: Rey de Portugal

1588: Armada Invencible

1590-1592: las Alteraciones de Aragón

1498: Vasco da Gama llega a la India por Suráfrica

1513: Niccolo Machiavelli: Il principe

1516-1556: Carlos I, 1519: V de Alemania

1517: tesis de Lutero en Wittenberg, comienzo del Protestantismo

1531: ruptura de Enrique III de Inglaterra con Roma. Iglesia Anglicana

1545-1563: Concilio de Trento: Contrarreforma católica

1558-1603: Isabel I de Inglaterra. Shakespeare (1564-1616)

1555: Paz de Augsburgo entre católicos y protestantes

1566: comienzo de la revuelta de los Países Bajos

1571: Batalla de Lepanto contra el Imperio Otomano

Segunda mitad del S. XVI: guerras de religión de Francia y

1598: Edicto de Nantes

Capítulo 3

España

1598-1621: Felipe III

1605: Miguel de Cervantes: primera parte de El Quijote

1609: expulsión de los moriscos

1621-1665: Felipe IV

1618-1648: Guerra de los Treinta Años

1640: rebelión de Cataluña y de Portugal

1659: Paz de los Pirineos

1665-1700: Carlos II

1668: independencia de Portugal, incorporación de Ceuta, Política mercantilista

1700-1746: Felipe V

1701-1716: Guerra de Sucesión

1707-1716: Decretos de Nueva Planta

Resto del mundo

1609: Tregua de los Doce Años

1648: Paz de Westfalia. Independencia de Holanda

1649: Decapitación de Carlos I de Inglaterra
República de Cromwell (1649-1658)

1643-1715: Luis XIV de Francia, el Rey Sol

1701-1711: Guerra de Sucesión a la Corona de España

1772-1780: Frederico II el Grande de Prusia

1713:	fundación de la Real Academia de la Lengua
1733 y 1743:	Primer y Segundo Pacto de Familia con Francia

1740–1780:	María Teresa de Austria
1713:	Tratado de Utrecht

Capítulo 4

España

1746–1759:	Fernando VI
1759–1788:	Carlos III
1761:	Tercer Pacto de Familia con Francia
1766:	Motín de Esquilache
1769–1773:	Nuevas Poblaciones en Sierra Morena
1778:	apertura del comercio con Amércia para toda España
1782:	banco de San Carlos
1788–1808:	Carlos IV
1808–1813:	José I Bonaparte
1808–1833:	Fernando VII
1808–1813:	Guerra de la Independencia
1810:	Goya, Los desastres de la guerra
1812:	Constitución de Cádiz
1814:	restauración del Antiguo Régimen
1820–1823:	Trienio Liberal
1830:	Pragmática Sanción, Isabel será reina

Resto del mundo

1756–1763:	Guerra de los Siete Años
1772–1795:	particiones de Polonia
1775–1783:	Guerra de la Independencia de los Estados Unidos de América
1789–1797:	Revolución Francesa
1797–1814:	Napoleón Bonaparte
1805:	Batalla de Trafalgar
1806:	abolición del Sacro Imperio Romano Germano por Napoleón
1812:	invasión de Rusia por Napoleón
1815:	Congreso de Viena, restauración del Absolutismo
1808–1830:	independencia de Hispanoamérica
1822:	independencia de Brasil
1831:	revoluciones liberales, independencia de Bélgica

Capítulo 5

España

1833–1868:	Isabel II
1833–1840:	Primera guerra carlista Estatuto Real de 1834 Constituciones de 1837, 1845 y 1856
1848–1849:	Segunda guerra carlista
1836 y 1855:	desamortizaciones
1844:	creación de la Guardia Civil

Resto del mundo

1848:	Revoluciones en toda Europa, Manifiesto Comunista
1852–1870:	Segundo Imperio Francés, Napoleón III
1854–1856:	Guerra de Crimea
1861–1865:	Guerra Civil de los Estados Unidos

1868-1874:	Sexenio Revolucionario	1866:	unificación de Italia
1868:	Exilio de Isabel II		
1871-1873:	Amadeo I de Saboya	1870-1871:	guerra franco-prusiana
1873-1874:	Primera República	1871:	Comuna de París, unificación de Alemania
1872-1876:	Tercera guerra carlista		
1876:	Constitución y comienzo de la Restauración		
1875-1885:	Alfonso XII		
1879:	Fundación del PSOE	1884-1885:	Conferencia de Berlín, reparto de África
1885-1902:	Regencia de María Cristina de Habsburgo	1898:	independencia de Cuba, Puerto Rico y Filipinas
1902-1930:	Alfonso XIII	1914-1918:	Primera Guerra Mundial
1909:	Setmana Tràgica de Barcelona	1917:	Revolución Rusa
			guerra de Marruecos
1923-1930:	dictadura de Primo de Rivera	1922:	Mussolini, marcha sobre Roma
		1929:	crack bursátil de Wall Street

Capítulo 6

España		Resto del mundo	
1931-1936:	Segunda República	1933-1974:	Estado Novo, Portugal
1931-1932:	reforma agraria		
1932:	Estatuto de Autonomía de Cataluña		
1936:	Estatuto de Autonomía de Galicia y el País Vasco		
1936-1939:	Guerra Civil	1933-1945:	Tercer Reich
		1938:	Anschluss de Austria al Tercer Reich
1937:	Bombardeo de Guernica	1936-1938:	juicios de Moscú
1938:	Batalla del Ebro		
1939-1975:	Dictadura de Franco	1939-1945:	Segunda Guerra Mundial
1939-1950:	régimen totalitario		
1951-1959:	estabilidad y reconocimiento internacional	1948-1985:	Guerra Fría
1959:	fundación de ETA		
1959-1973:	despegue económico		
1973-1975:	reivindicaciones sociales y de autonomía	1973:	crisis del petróleo
1975-1982:	Transición		
1977:	legalización de los partidos y elecciones democráticas		
1981:	atentado del coronel Tejero, 23-F		
1982-	Democracia	1986:	España y Portugal se integran en la CEE
		1989-1990:	Muro de Berlín y reunificación de Alemania
		11-9-2001	ataques terroristas en EEUU
2004:	11-M, atentado del terrorismo islámico en Madrid	2002:	sustitución de las monedas nacionales por el euro
		2003:	guerra de Irak

11. Soluciones al primer ejercicio de cada capítulo

Capítulo 1
a – F; b – V; c – F; d – F; e – V; f – V

Capítulo 2
1 – c; 2 – e; 3 – d; 4 – a; 5 – f; 6 – b

Capítulo 3
1. La figura del valido se introdujo por la complejidad de la política pero también por el desinterés del rey.
2. Los moriscos fueron expulsados por las mismas razones que los judíos.
3. El proyecto de la Unión de Armas pretendía que todos los reinos contribuyeran a los gastos de las guerras europeas porque los impuestos de Castilla ya no eran suficientes.
4. En la segunda mitad del siglo XVII, Francia empieza la nueva potencia europea.
5. Cuando el último rey de la Casa de Austria murió, estalló la Guerra de Sucesión por la Corona española.
6. El primer rey de la Casa de Borbón introdujo reformas jurídicas y administrativas basadas en una política absolutista.

Capítulo 4
a – V; b – F; c – V; d – V; e – F; f – F

Capítulo 5
a. El reinado de Isabel II estuvo dominado por los liberales moderados.
b. La política liberal del siglo XIX benefició a la burguesía capitalista.
c. La revolución del Sexenio Democrático fue una reacción a la política conservadora de los liberales.
d. La guerra de Marruecos condicionó la política española a principios del siglo XX.

Capítulo 6
Manuel Azaña impulsó varias reformas desde el primer gobierno de la Segunda República.
Gil Robles encabezó a las derechas españolas durante la Segunda República.
Franco fue nombrado Generalísimo en septiembre de 1936.
La República no fue apoyada por las democracias europeas durante la Guerra Civil.
El franquismo evolucionó siguiendo la coyuntura internacional.
Adolfo Suárez dirigió la transición hacia la democracia después de la muerte de Franco.
Felipe González fue el primer presidente a partir de los años ochenta del siglo XX.

12. Bibliografía

Bajo, F. y Gil, J. (1998): *Historia de España.* SGEL: Alcobendas.

Carr, Raymond (ed.) (2003): *Historia de España*. Ediciones Península: Barcelona.

Cortés Moreno, M. (2003): *Guía de usos y costumbres de España*. Edelsa: Madrid.

Domínguez, A. (2001): *España. Tres milenios de historia*. Alstom Ib, edición especial: Madrid.

García de Cortázar (2002): *Historia de España*. De Atapuerca al euro. Planeta: Barcelona.

García de Cortázar (ed.) (2004): *Memoria de España*. Punto de Lectura: Madrid.

López Moreno, C. (2005): *España contemporánea*. SGEL: Alcobendas.

Montero, J. y Roig, J. L. (2005): *España. Una historia explicada*. Cie Inversiones Editoriales: Madrid.

Pérez, J. (2000): *Historia de España.* Editorial Crítica: Barcelona.

Quesada Marco, S. (2004): *España siglo XXI*. Edelsa: Madrid.

Schmidt, P. (ed.) (2002): *Kleine Geschichte Spaniens*. Reclam: Stuttgart.

Tamames, R. y Quesada, S. (2001): *Imágenes de España*. Edelsa: Madrid.

Tusell (ed.) (1998): *Historia de España*. Taurus: Madrid.

Valdeón, J. et alia (2004): *Historia de España*. Madrid: Espasa.

Valdeón, J., Pérez, J. y Santos, J. (2003): *Historia de España*. Espasa Calpe: Madrid.